# DÉCO
# À L'ÉCOLE DE
# OSCAR ONO

# DÉCO
# À L'ÉCOLE DE
# OSCAR ONO

PHOTOGRAPHIES CHRISTINE BESSON
TEXTES ALFRED ESCOT

PARIS
l'art
BORDEAUX

# PRÉFACE

*Oscar y yo nos conocimos hace unos años en Art Basel Miami. Conectamos inmediatamente y, aun sin conocernos demasiado, tuvo la gentileza de invitarme a pasar unos días en París. Le tomé la palabra y al poco me planté en su fabuloso apartamento. Desde entonces Oscar y yo hemos intercambiado visitas -y casas-entre su ciudad y la mía, Madrid. Hoy me siento muy afortunado de que me cuente entre sus amigos españoles.*

*Siempre me he considerado un forastero dentro del mundo de la decoración. Me faltan el conocimiento, el atrevimiento, la imaginación y el sentido de la armonía que Oscar posee con creces. No obstante, hace años entendí que, como cineasta, finalmente he de decidirme por aquello que formará parte, o no, del encuadre. Este ejercicio ha sido muy estimulante y con el tiempo me ha hecho descubrir que, cada vez más, mis rincones favoritos en el mundo « real » son coincidentes con los del mundo cinematográfico. En el caso de los espacios concebidos por Oscar, el uso del color, la combinación de elementos clásicos y vanguardistas, y sobre todo, el poder de sugerencia y el sentido dramático, hacen que me sienta más que nunca dentro de una película. Supongo que este es el modo más elocuente de expresar cuánto me gusta su trabajo. En el mundo de Oscar encontraría tantas excusas para vivir como para poner una cámara y contar una historia.*

*Alejandro Amenábar, réalisateur de cinéma*

Oscar et moi, nous nous sommes rencontrés il y a quelques années au Art Basel Miami. On s'est tout de suite bien entendu et, sans trop me connaître, il a eu la gentillesse de m'inviter à passer quelques jours à Paris. Je l'ai pris au mot, et quelques jours plus tard, je me suis pointé dans son magnifique appartement. À partir de ce moment, Oscar et moi avons multiplié nos visites et échangé nos maisons – entre sa ville et la mienne, Madrid. Aujourd'hui, je suis très heureux de faire partie de ses amis espagnols.

Je me suis toujours considéré comme étranger à l'univers de la décoration. Je n'ai ni la connaissance, ni l'audace, ni l'imagination, ni le sens de l'harmonie qu'Oscar possède à l'extrême. Pourtant, cela fait longtemps que j'ai compris, en tant que cinéaste, que je dois choisir ce qui fera partie ou non du cadre de la caméra. Cet exercice a été pour moi très stimulant, et avec le temps j'ai découvert que, de plus en plus, les lieux que j'aime dans la réalité sont les mêmes que ceux que j'aime au cinéma. Pour moi, les espaces conçus par Oscar, l'usage qu'il fait de la couleur, la combinaison des éléments classiques et avant-gardistes, et surtout leur pouvoir de suggestion et leur sens dramatique font que j'ai l'impression d'être dans un film. Je suppose que c'est la façon la plus éloquente d'exprimer combien j'aime son travail. Dans l'univers d'Oscar, j'ai autant envie d'y vivre que d'y poser une caméra pour raconter une histoire.

**PAGE DE GAUCHE** Esprit très théâtral pour ce salon cosy grâce à l'utilisation d'une image surdimensionnée : détail du jeune Saint Guillaume d'Aquitaine de Simon Vouet (1649) exposé au Louvre. Le tableau se reflète magistralement dans la table en miroir. Canapé en lin Indéra, lampe Lirio, tissu tendu noir sur le mur Dedar, tapis en laine vierge Bruder.

**PAGE SUIVANTE** Les tons naturels donnent du caractère à un lieu et s'assemblent à merveille pour créer des intérieurs chaleureux. Utilisé en touches, le blanc réveille le beige, comme le prouvent la lampe Aloe de Jeremy Cole et les combinaisons de marbre, onyx et mosaïque (matériaux Annie Pate).

# SOMMAIRE

# AVANT-PROPOS

## Une déco sophistiquée et moderne

**Une écriture d'équilibre.** Mon style est théâtral, hétéroclite et contemporain, élégant par l'équilibre des tonalités (noir, anthracite et taupe, rehaussés de rouge ou de cuivre), intemporel par la noblesse des matières choisies et la qualité des finitions, mais toujours avec un accent d'humour et de fantaisie. Que ce soit pour l'aménagement d'appartements ou de villas, de grands hôtels ou encore de restaurants, j'aime concevoir des intérieurs sophistiqués mais jamais opulents, modernes avec des pointes de classique réinterprété, rigoureux mais chaleureux.

**L'élégance dans le détail.** J'apprécie les intérieurs feutrés, qui « n'en font pas trop ». J'attache une attention particulière à l'ensemble des détails et des finitions qui sont pour moi la clé de voûte d'un décor réussi et harmonieux. Ces éléments se traduisent simplement, mais doivent être très bien pensés : le détail d'une poignée, la largeur d'un joint creux, la hauteur d'une plinthe... C'est ce qui donne un sentiment de luxe discret, de savoir-faire et de qualité. Dans cet ouvrage, vous découvrirez ma vision très personnelle de la décoration. J'espère qu'elle vous apportera l'inspiration nécessaire pour « portraitiser » et composer votre espace en tenant compte, toujours avec humour, de votre propre univers.

**PAGE DE GAUCHE** Posée magistralement sur un meuble bas laqué noir, cette sculpture monumentale en bois découpé et brûlé de l'artiste allemand Lars Zech dégage une force incroyable. Une composition surdimensionnée d'orchidées dorées ouvre le bal dans cet intérieur beige et noir.

**CI-CONTRE** Bien sélectionner les matériaux qui vont habiller un lieu est essentiel. Parfois, il faut s'y prendre à plusieurs reprises avant de trouver l'harmonie juste. Ici, une pierre de lave noire finition sablée se marie admirablement au cuir beige et marron ainsi qu'à la soie blanche (matériaux Annie Pate).

**DOUBLE PAGE SUIVANTE** Créer des jeux de lignes, de formes et de matières est l'une des clés pour réussir un décor.

PIERRE CHAREAU
AD

# Une passion à l'écoute des autres

**La déco et l'art dans le sang.** Enfant, je manifestais une véritable passion pour la décoration, qui me poussait à sans cesse réaménager l'appartement familial. Mon bac en poche, j'ai décidé de m'évader dans les tableaux des grands maîtres en suivant des études d'histoire de l'art. Cette « surexposition » à l'art, c'était fascinant, j'appréhendais la perspective avec Piero della Francesca, la symbolique des objets avec les vanités d'Holbein, la mise en lumière avec Vermeer, l'art du clair-obscur avec Caravage, la couleur avec les Vénitiens. C'est le genre de formation qui marque toute une vie. Ne m'imaginant guère dans le costume gris d'un conservateur de musée, je décidai de changer mon fusil d'épaule en me réorientant vers le marketing.

**L'œil est plus important que le reste.** Cette vocation, à son départ, n'eut rien d'une ligne droite, bien que... Alors que je m'ennuyais terriblement à travailler dans la publicité, c'est la rencontre décisive avec l'homme d'affaires et grand amateur d'art Bertrand Cheuvreux, qui a tout fait basculer. Il m'a donné l'opportunité d'exprimer ma passion en me confiant l'aménagement des 500 mètres carrés de sa galerie barcelonaise. C'était décidé, j'allais être décorateur. Je lui dois mon envol.

Au fil de mes expériences, j'ai perfectionné mon regard, mon œil artistique. L'œil est à mon sens ce qu'il y a de plus important, il permet de reconnaître les finitions de qualité et de se rapprocher d'un idéal d'équilibre, de fluidité et d'harmonie dans un décor. Le choix des couleurs doit être équilibré et l'œil justement sollicité. Les belles finitions, des matériaux justes, l'impact d'une belle lumière, le respect des proportions, tous ces éléments doivent être conjugués avec justesse.

**PAGE DE DROITE** Les volumes de ce loft parisien d'une hauteur de 5 m sous plafond ont été conservés malgré l'ajout de cloisons à mi-hauteur délimitant la cuisine. L'ensemble donne un effet graphique rectangulaire. Mobilier culte comme cette chaise longue LC4 Charlotte Perriand.

# À l'école d'Oscar Ono

**Une touche vraiment personnelle.** N'ayons pas peur de sortir des sentiers battus, soyons sans complexe, passionnés et anticonformistes. C'est dans cet état d'esprit que vous devez être pour concevoir l'aménagement et la décoration de votre intérieur. Il sera ainsi plus naturel et facile d'utiliser la créativité qui vous habite, parfois à votre insu. Amusez-vous !

Il s'agit simplement d'aller chercher l'inspiration dans votre propre histoire. Il suffira par exemple d'utiliser des touches personnelles, d'imaginer des clins d'œil qui renvoient à votre propre vie et vous représentent correctement, de vous servir d'objets ou de thèmes que vous affectionnez ou d'événements qui vous ont marqué. Bref, d'utiliser ce que votre vie vous a appris car c'est ce qui a formé votre regard sur les choses.

**De l'art dans la décoration.** Très sensible aux choses qui m'entourent, je suis passionné par l'art et la symbolique des images. J'aime les images non seulement esthétiques, mais évocatrices ; les images, les objets, les tableaux qui laissent perplexes, qui ont la faculté de nous amuser ou qui font transparaître un message, comme une fenêtre ouverte sur le monde. Pour moi, l'art est indispensable dans la décoration, car il est vecteur d'émotion, il donne du caractère et de l'originalité à un espace. Il peut à mon sens prendre différentes formes, des formes réellement artistiques bien sûr mais aussi simplement décoratives, comme un motif récurent, un jeu de couleur complètement surprenant, un objet qui a de l'humour. Bref, des éléments qui laissent cours à une imagination fantaisiste.

**CI-CONTRE** Le noir est intemporel. La salle à manger de cette maison parisienne en est un bon exemple. Élégant et raffiné, le noir est la couleur d'accent parfaite. En effet, quelle que soit la teinte avec laquelle il est jumelé, il la mettra en valeur.

**PAGE DE DROITE** Une Marilyn rock'n'roll (photographie de l'artiste Jonathan Bermudes) nous invite à prendre un verre installé dans les fauteuil LC2 de Le Corbusier. Coffee table Isamu Noguchi. Un matériau chaleureux en daim (Antelope, Arte International) a été positionné à l'intérieur des boiseries haussmanniennes afin de créer un effet de matière intéressant.

## LES POIGNÉES : L'ACCESSOIRE COUTURE

Si la poignée a un rôle fonctionnel, une belle poignée de porte change tout l'aspect d'un meuble: elle le sublime et lui donne de l'élégance. En plus d'être un beau détail, elle a aussi quelque chose de magique lorsqu'on pose la main dessus...
Il existe aujourd'hui un choix immense de formes, de coloris et de matériaux. Les poignées peuvent être des sculptures à part entière: cristal, verre de Murano, métaux précieux... bref, il en existe aujourd'hui pour tous les goûts.

# Un ouvrage conçu pour vous guider

**Un intérieur qui nous ressemble.** De mon point de vue, l'aménagement d'un lieu n'est pas seulement une histoire de tendances. N'est-il pas absurde de vouloir faire vivre une famille de cinq personnes dans un loft sans cloisons ? De créer un dédale de pièces inutiles pour une femme d'affaires qui vit seule et aime recevoir jusqu'au petit matin? un cabinet de curiosités pour quelqu'un qui aime l'espace?
Pour aménager un intérieur qui lui ressemble, le professionnel doit être à l'écoute de son client. C'est la raison pour laquelle je me dois tout d'abord de faire preuve de psychologie pour cerner la personnalité de mon client, son style de vie, ses désirs, et parfois même, lire entre les lignes… Mais en même temps, je dois persuader mon client d'aller jusqu'au bout de ses désirs, briser certaines retenues qui existent en lui, et lui proposer des idées auxquelles il n'aurait pas pensé.

**Être sa propre source d'inspiration.** Au fil de ce livre, je vais vous faire découvrir des personnes qui sont allées à la rencontre d'un intérieur qui leur ressemble: une productrice télé d'origine espagnole dans un décor digne d'Almodovar, la directrice d'un cours de théâtre dans un décor néobaroque théâtralisé… Chacun est parvenu à aller jusqu'au bout de ses désirs et à définir un projet idéal en laissant ressurgir sa propre personnalité. Il a fallu également tenir compte de chaque style de vie et des impératifs liés au lieu dans lequel il s'inscrit. Les conseils que vous trouverez dans ces pages vous permettront de mener à bien votre projet en vous inspirant de leurs expériences et des nombreuses illustrations.

**Comment s'y prendre et par où commencer?** L'acte de mettre en scène son intérieur n'est rien d'autre qu'une dynamique en trois temps, un triptyque d'émotions: « comprendre », « oser rompre avec les conventions et les habitudes » et « savoir faire la différence ». Je vous propose donc de suivre étape par étape ce schéma, pour parvenir dans un premier temps à définir votre projet et poser ses fondations en fonction de vos besoins et de la nature de l'espace disponible. Puis, l'étape la plus séduisante, celle qui vous permettra d'imaginer une ambiance, un « style » et des fonctionnalités qui vous correspondent. Enfin, je vous livrerai quelques clés supplémentaires pour parvenir à un vrai travail de pro, sophistiqué, élégant avec une touche « tendance »!

**PAGE DE GAUCHE** Les poignées en bronze de la collection Peaux (L'Univers de la Poignée) sont imaginées comme des sculptures de portes et de meubles. Elles signent à merveille un décor, apportant un supplément d'âme à l'agencement.

**DOUBLE PAGE SUIVANTE** Rayé, fleuri, uni, en laine, en coton, en velours ou en soie, chaque tissu est un élément de décoration fondamental qui peut transformer l'atmosphère d'une pièce en un clin d'œil. Les matières les plus résistantes sont le coton et la laine, à privilégier donc sur les sièges.

# MES INSPIRATIONS, MES INFLUENCES

Tout m'inspire. J'aime sentir l'air du temps ; m'en imprégner pour le restituer dans mes projets de manière inconsciente.
Qu'ils viennent de ma culture d'historien de l'art, de la rue ou de mes voyages, des sentiments rejaillissent sous forme d'impulsions et donnent le tempo à mes créations pour, au final, offrir un ensemble cohérent qui traduit ma sensibilité.

## Mes sources

**L'art antique.** Depuis mes études d'histoire de l'art et d'archéologie, je nourris une fascination pour l'Antiquité gréco-romaine. Cette fascination, je dois l'avouer, date même de l'enfance et de la lecture des albums d'Astérix ! C'est incroyable comme cette période a su influencer l'art de toutes les époques jusqu'à devenir la référence universelle de l'art occidental. C'est pour moi une source d'inspiration inépuisable.
J'en retiens encore l'esprit géométrique, la sensualité, la symétrie des proportions, la délicatesse des fresques, la force dramatique des sculptures et le travail du bronze. Autant d'éléments qu'on retrouve en touches dans mon travail.

**La Renaissance.** Je construis mes intérieurs en m'inspirant des maîtres de la Renaissance, notamment des fresques décorant les églises italiennes, avec leur souci du détail et leur composition en trompe-l'œil. Je me nourris également des œuvres des écoles flamandes, hollandaises de la voie tracée par Caravage, comme par George de La Tour. Chez ce dernier, j'aime tout particulièrement le « Tricheur à l'as de Carreau », un chef-d'œuvre de la peinture française, dont j'apprecie la composition, l'humour et je n'hésite pas, tant il est riche, à piocher des détails de ce tableau pour mes décors. De cette époque je retiens aussi la maitrise du clair-obscur, quand la lumière se concentre sur certaines zones, la prédominance des rouges, des bruns et des noirs. Une théâtralisation que je recherche aussi dans un intérieur.

**PAGE DE GAUCHE** Les bustes et les têtes sculptées sont des éléments assez présents dans mes décors. Cette tête, qui dégage une fierté victorieuse, représente une figure antique (Galerie Artebusto-Xavier Sequier). L'éclairage est essentiel pour la mise en valeur d'une sculpture. Ici, la lumière donne une tension dramatique à l'ensemble.

**PAGE DE GAUCHE** La combinaison de bois différents (teinte, essence, texture, matière) est une particularité de mon travail. Cela apporte un supplément de vie à un décor. Bois et parquet Oscar Ono.

**CI-DESSOUS** Pour pratiquer l'art de vivre, il n'est nul besoin d'avoir recours à de gros livres compliqués. Une simple balade dans les rues de Paris suffit : histoire, architecture, art floral, art culinaire, mode... tout y est. En haut : JB Galerie Chinese contemporary Art, 13, rue d'Ormesson, Paris IVe. En bas : jardin des Tuileries, Action enchaînée, bronze de 1908, Aristide Maillol.

**Le bois.** C'est une matière vibrante et vivante. Grâce à mon associé très cher, Peter Muys, j'ai appris à m'inspirer du bois, à en apprécier toutes les facettes et à le travailler de fond en comble. Au point que nous avons ouvert ensemble, en 2003, une usine à Amsterdam dédiée à sa production et qui nous permet de travailler aussi bien pour les particuliers que pour les architectes. Nous maitrisons complètement sa réalisation pour offrir à mes clients du sur-mesure et des aménagements spécifiques. J'adore la palette de couleurs très large, du grisé au naturel, du noir au blanc, qui permettent de renforcer le style de tous les intérieurs qu'ils soient luxueux, modernes ou brut comme dans un atelier. Et, au-delà des couleurs, on peut travailler sur la texture, lisse ou vieillie, mais aussi les motifs avec des dalles, des chevrons, des lames plus ou moins fines. Bref, le bois est un allié de poids pour assoir un style et donner de la chaleur à n'importe quel intérieur.!

**Paris je t'aime!** La capitale est belle et diverse. J'aime l'éclectisme de Paris qui permet de passer d'une rue à l'ordonnance parfaite dans ses bâtiments à une rue tortueuse, hétéroclite et populaire. Je me délecte de sa beauté, de ses saveurs et de ses plaisirs : de ses balades nocturnes enivrantes qui donnent l'impression de marcher au travers des époques, de sa lumière intime et tamisée, de l'inattendu au détour d'une porte cochère. Paris m'apporte l'ordonnance classique et le sens du détail !

**Olé, la folie espagnole !** Si une partie de mon cœur est à Paris, c'est sûr, l'autre est à Madrid. C'est dans cette ville que je vais me ressourcer. J'aime son exubérance, son insouciance, sa créativité, mais par-dessus tout, j'aime les gens et leur manière incroyable d'exprimer la joie de vivre, d'être sans complexe, de respirer le fantasque.
C'est une ville qui me débride, elle m'a appris à fonctionner au plaisir et à laisser cours à une imagination plus fantaisiste. C'est pour moi la ville la plus amusante du monde et j'adore y faire la fiesta.
L'Espagne m'apporte la fantaisie et la couleur !

# Le style Oscar Ono

**Caravage pour maître.** Le style de chaque créateur est évidemment unique, fruit de ses influences et de la charte graphique qu'il apprécie et utilise. Personnellement, j'admire le clair-obscur de Caravage, capable d'instaurer un univers dramatique à lui seul. Vous retrouverez donc dans cet ouvrage de vrais partis pris picturaux. Aux oubliettes le blanc immaculé et trop commun! Je lui préfère les teintes affirmées, foncées et feutrées comme les rouges, les bruns, les beiges, les gris et les noirs, à la manière et selon les principes du grand maître. En les assumant pleinement, l'intérieur dégage alors une forme certaine d'élégance et une puissance unique.

**L'art du clair-obscur.** Au-delà des couleurs, j'aime tout particulièrement mettre en valeur le rôle de la lumière et de ses contrastes en travaillant sur la lumière indirecte et la démultiplication des sources lumineuses. Alors elle tend à se concentrer sur certaines zones choisies en créant un contraste clair-obscur. Cela permet de donner à l'espace une dimension dramatique, puissante. Le travail de la lumière est également une astuce permettant de guider l'œil vers l'essentiel et de mettre en scène le décor et les objets.

**CI-CONTRE** Des matériaux pas du tout obscurs. Le clair-obscur traduit en matériaux : travertin, ardoise, parchemin, marbre noir, bois foncé, feuille d'or et bronze (matériaux Annie Pate).

**PAGE DE DROITE** Le clair-obscur est une technique picturale dans laquelle des parties claires côtoient immédiatement et sans dégradation de couleur des parties très sombres, créant des effets de contrastes. Ce procédé a été porté à son apogée à la Renaissance italienne par Caravage, puis, en France, par Georges de La Tour. Mes deux maîtres.
**EN HAUT À DROITE :** Le Nouveau-Né, de Georges de La Tour, 1645-1648.
**EN BAS À GAUCHE :** La Vocation de saint Matthieu, de Caravage, 1599-1600.

**Théâtraliser.** Une autre facette de mon style consiste en la mise en scène, le détournement et la création d'un univers théâtral. Avec des portraits historiques surdimensionnés, des détails de tableaux agrandis ou encore des jeux de sculptures, en référence aux grands artistes et à l'art pictural, je donne un esprit classique à mes décors et à la pièce maîtresse que je place en son centre.

Pour amplifier cette mise en scène, je n'hésite jamais à tenter des combinaisons originales et audacieuses entre les textures brutes et les finitions plus nobles. Pour obtenir un subtil agencement de contrastes, je porte une attention toute particulière aux matériaux. J'aime embellir et accroître la sophistication des matières par ces mariages, comme l'union des bois et de la nacre blanche, de l'argent, de l'or ou encore du bronze. On peut alors se lancer dans des applications insolites sur les meubles, combiner bois vieilli, madré ou grisé et laque, vernis dorés, argentés, miroirs, feuille d'or, de bronze ou encore un métal brossé à la couleur d'un canon de fusil.

**Éclectisme.** Explorer de nouveaux vocabulaires, repartir à zéro à chaque nouveau projet est mon moteur. Je déteste le « total look » et je revendique l'éclectisme, le mélange des styles et le contraste des matières. Mélanger par exemple du mobilier contemporain avec un petit meuble étrange des années 1930 ou une matière froide avec une matière chaude : la nacre blanche et le bois, la laque et la feuille d'or ou le bronze...

**PAGE DE GAUCHE** Ambiance forte et colorée pour cette chambre de la Villa Arguibel (décoration Mariannick et François Blasselle, propriétaires des lieux). Le vert apporte une touche de modernité et de fraîcheur. L'accent a été mis sur la création d'une tête de lit surdimensionnée et sur le mélange des styles. Luminaire en plume d'Hervé Matejewski.

**CI-DESSOUS À GAUCHE** Les couleurs se répondent entre la chaise et le tableau, le bureau et le cadre au mur, les rideaux et le sous-main. Le bureau a été entièrement gainé à la main de cuir par le fabricant Maître en Scène.

**CI-DESSOUS À DROITE** Petit fauteuil recouvert d'un tissu vert façon Art déco et d'un tissu à rayures. Les carreaux noirs et blancs du sol confortent l'esprit classique de l'ensemble.

**DOUBLE PAGE SUIVANTE** Les yeux de cette femme bien en chair peinte par Georges de La Tour (Le Tricheur à l'as de carreau) invitent avec humour et mystère à pénétrer dans la chambre comme dans un endroit interdit.

La tête de lit est le point central de la chambre. Plus imposante elle sera, plus elle captera le regard.

OSCAR ONO
OSCAR ONO

# POSER
# LES FONDATIONS
# DU PROJET

Qu'il s'agisse d'une maison en bord de mer, d'un appartement haussmannien, d'un atelier d'artiste ou d'une maison à la campagne, un projet de décoration doit commencer par des recherches approfondies. Il est important d'analyser vos attentes et la manière dont vous vivez. Mais aussi de comprendre le style et l'histoire du bâtiment. Cet ensemble d'éléments permettra de poser les bases du projet de décoration et de faire émerger des solutions simples, élégantes et cohérentes. Analyser l'espace et votre manière de vivre est le premier travail que vous devez effectuer lorsque vous emménagez dans un lieu, afin de créer l'ossature idéale. Surtout n'en faites pas une montagne, mais réfléchissez avec votre cœur et votre bon sens. Comment s'organise l'espace aujourd'hui ? Correspond-il à ma manière de vivre ? Peut-il accueillir toute la famille ? Quels sont les pièces et les espaces dont j'ai vraiment besoin : un coin lecture ? une grande cuisine ? un espace

de réception suffisamment vaste ? Où vais-je regarder la télévision ? Dans quelle pièce j'aime travailler ou lire ? Cette réflexion vous permettra de tirer le meilleur parti de votre espace. Vous découvrirez ainsi si vous avez besoin d'abattre telle ou telle cloison, d'ouvrir l'espace ou, au contraire, de le cloisonner pour obtenir des pièces plus en harmonie avec votre manière de vivre.
Une fois l'ossature de l'architecture dessinée, vous pourrez travailler l'ambiance qui va inspirer votre décoration. Vous découvrirez dans ce chapitre comment créer une planche d'ambiance, véritable fil rouge qui doit vous guider tout au long de votre projet. N'ayez pas peur d'hésiter et imaginez donc plusieurs solutions afin de retenir la meilleure.
Vous l'aurez compris, la réussite d'un lieu ne repose pas simplement sur la décoration. Vous pourrez avoir la plus belle des décorations qui soit, ou la plus coûteuse : si votre espace est mal agencé, vous n'en ferez rien, il le restera et sera invivable.

# DÉCRYPTER L'«ADN» DU LIEU

L'art d'aménager ou de réaménager un lieu ne peut être réduit à l'ajout de quelques touches de couleurs, d'un mobilier « design » ou de quelques stickers. Lorsqu'il s'agit de transformer un appartement, une maison ou un hôtel, par exemple, il faut réfléchir comme un décorateur, mais aussi comme un architecte d'intérieur. Afin de structurer au mieux l'espace en fonctions de ses besoins, il faut tenir compte des volumes existants ou de ceux qui peuvent être créés. L'objectif est d'obtenir, dans un premier temps, une exploitation optimale du lieu. Quitte à imaginer des astuces pour le mettre en valeur de manière originale et sophistiquée, tout en respectant sa « nature ». Son style, son histoire ainsi que le parti pris architectural d'origine vont vous aider.

**CI-DESSOUS** Îlot central Varenna en pierre beige et bois gris pour cette cuisine contemporaine d'un appartement haussmannien.

**PAGE DE DROITE** Quand l'architecture prend le pas sur la décoration. Cet univers fait la part belle à l'ultra-minimaliste, à l'épure et au formalisme géométrique du mobilier de Le Corbusier et de Charlotte Perriand (chaise longue LC4 et fauteuil LC3).

## Analyser l'espace

**Il s'agit tout d'abord d'appréhender l'espace** dans lequel on prévoit de s'installer. Pour certains des futurs habitants, les enfants par exemple ou les adultes qui travaillent chez eux, ce lieu que vous connaissez déjà ou que vous découvrez, sera un « cadre de vie » au sens le plus strict: ils vont passer ici la majeure partie de leur temps. Il est donc important d'y regarder à deux fois avant de décider d'investir dans un nouvel appartement ou de rester et d'effectuer quelques travaux.

Fouillez les moindres recoins, imaginez-vous dans le lieu et tentez d'extrapoler son potentiel: est-il envisageable de casser telle cloison ou tel mur, de créer une pièce ou des ouvertures supplémentaires, de déplacer la cuisine ou la salle de bains, etc. Tout est possible, selon le budget alloué.

**Toutes les fonctions d'un habitat** (dormir, manger, se laver, travailler, jouer, recevoir, lire, s'isoler…) doivent être prises en compte de manière globale et individuelle. Chaque habitant du lieu doit s'y retrouver. C'est un exercice plus difficile qu'il n'y paraît et il serait dommage de le négliger au risque de se tromper sur l'ensemble du projet.

Par exemple, si l'espace fait défaut, on peut imaginer plusieurs fonctions dans une même pièce: dîner ou travailler dans le salon, sans perturber son entourage ni être dérangé. Là encore, l'aide d'un professionnel, d'un architecte d'intérieur notamment qui sait être l'écoute des besoins de ses clients, peut s'avérer précieuse. Mais l'essentiel est de bien penser son projet. La décoration et l'architecture d'intérieur ne tolèrent pas l'improvisation.

## QUESTION DE PROPORTIONS

Pensez en termes d'« ossature »: quand il s'agit de s'habiller, on tient compte de sa morphologie et on porte des vêtements à sa taille et adaptés à sa silhouette. Dans un intérieur, il faut également réfléchir à cela. Que le mobilier soit approprié aux volumes, ni trop imposant ni trop petit. Les longueurs, les hauteurs doivent être étudiées scrupuleusement pour choisir des proportions équilibrées.

## Respecter la nature du lieu

**La cohérence est une des clés de la réussite** d'un projet. Il est donc important de tenir compte de la nature du lieu avant de penser aux volumes et au style que l'on veut donner à son intérieur. C'est l'évidence même, le type d'espace dont on dispose – maison, appartement, loft, duplex, studio... – influe sur l'ensemble du projet.
Certaines idées conviennent mieux à une maison, d'autres à un appartement. Il y a aussi les couleurs qu'il vaut mieux employer dans un grand espace, quand celui-ci est lumineux ou ouvert sur la nature. D'autres que l'on réserve aux plus petits, aux plus sombres.
**La disposition des pièces et leurs fonctions** respectives peuvent également être dépendantes de la nature du lieu. Choisira-t-on une cuisine américaine, ouverte, ou fermée ? un salon séparé ou un salon-salle à manger ?
Dans une maison de campagne et dans un appartement, l'usage de la cuisine et de la salle à manger est parfois très différent... À deux pas des Champs-Élysées, dans un élégant intérieur haussmannien, nous avons créé une véritable salle à manger à l'intérieur de la cuisine en tirant parti du volume de la pièce. Une grande table en marbre blanc a été installée près de la fenêtre tout en hauteur afin de profiter de la vue.
De grands rideaux en coton et lin viennent accentuer la hauteur de la pièce et encadrent la table comme une scène de théâtre.

Design et architecture sont indissociables.

Il faut mettre en valeur les éléments « naturels » du décor, la structure architecturale de l'espace. Ainsi on pourra installer un coin salon sous une mansarde et le meubler avec des éléments bas, canapés, tables basses...

**CI-CONTRE** Un long plan vasque en Corian blanc sur mesure équipe cette salle de bains. Le Corian - qui existe dans une palette de 200 couleurs - offre une multitude de possibilités de création et une résistance exceptionnelle. C'est un matériau formidable.

**PAGE DE DROITE** Le marbre s'intègre parfaitement dans un intérieur ancien comme cet appartement parisien haussmannien. Table et chaises en laque blanche Knoll (Eero Saarinen, 1956). Le vase orange relève l'ensemble et capte la lumière.

**DOUBLE PAGE SUIVANTE** Ambiance classique mais mixée, douce et légèrement colorée pour cette suite de l'hôtel de Vendôme à Paris. Le mobilier tout en rondeur revisite l'esprit classique parisien avec une touche de modernité. L'ensemble respire la douceur et la féminité. La couleur rouge apporte du glamour. Mobilier La Fibule, velours rouge opéra de chez Dedar.

## ÉLÉMENTS D'ARCHITECTURE

Tirer parti de l'architecture naturelle d'un lieu est primordial, car c'est ce qui donne du caractère à un espace. Souvent, l'architecture existante est un atout de rêve dans l'agencement : une mansarde par exemple peut devenir un espace intime et accueillant, mais attention, il faut bien calculer l'inclinaison du toit et étudier la meilleure organisation de l'espace.

## LA VUE EST BELLE ?

Si vous possédez une belle vue, sur la ville par exemple, et que vous voulez en profiter la nuit, peignez ce mur d'une couleur foncée. Cet artifice permet de faire disparaître le mur au profit de ce qui se passe à l'extérieur.
A contrario, si la vue n'est pas agréable faite en sorte que l'œil soit attiré par quelque chose d'autre dans la pièce : un mur peint d'une couleur tonique, un tableau très artistique...

## JEUX DE LUMIÈRE

Aidez-vous de la lumière pour mettre en valeur les élements architecturaux et les matériaux : un mur en pierre naturelle, une belle hauteur sous plafond, des corniches d'époque, une charpente ancienne en bois sont autant d'éléments que la lumière peut magnifier.

**CI-CONTRE** Une maison showroom à Amsterdam. L'ensemble des meubles de cette cuisine ouverte sur un grand espace a été réalisé sur mesure par l'ébéniste Piet-Jan van den Kommer, le propriétaire des lieux. Le béton contemporain contraste avec la charpente ancienne en bois.

**PAGE DE DROITE** Salle à manger contemporaine dans un appartement haussmannien. Le mur est recouvert d'un papier peint graphique qui accentue la rondeur du mobilier et des luminaires. Table en marbre noir (Knoll), chaises capitonnées (Starck), abat-jour cloches recouverts de feuille d'or (Catellani & Smith).

**DOUBLE PAGE SUIVANTE** La charpente de cet atelier (showroom Piet-Jan van den Kommer) situé à Amsterdam a été restaurée et mise en valeur par un jeu d'éclairage étudié. C'est elle qui apporte toute la chaleur nécessaire à l'espace. L'importante présence du bois en partie haute a guidé le choix de laisser le reste brut et épuré. La charpente peut ainsi « respirer » sans être cannibalisée par d'autres éléments trop forts.

## BELLE HAUTEUR SOUS PLAFOND

Si vous avez la chance de bénéficier d'une belle hauteur sous plafond, vous pouvez mettre en valeur ce dernier par différents moyens:

- Une couleur qui se détache de celles des murs.
- Un lustre, contemporain ou classique, mais de taille imposante.
- Un éclairage dirigé vers le plafond, depuis le sol ou les murs.
- Une toile imprimée représentant un motif original ou des œuvres célèbres, comme chez moi.

## Trouver le ton

**Le style et l'époque de la bâtisse** ont aussi leur importance: à Paris ou ailleurs, on ne vit pas de la même façon dans du moderne ou dans de l'ancien. Au sein d'une atmosphère générale contemporaine, quelques clins d'œil à l'époque d'un lieu, du mobilier de style par exemple, ajoutent un peu de « piquant » à la décoration. Ce qui n'empêche pas de jouer les contrastes étonnants et les anachronismes.

En outre, la situation géographique est une source d'inspiration qu'il serait dommage d'ignorer. Au même titre qu'un reportage vu dans un magazine de décoration ou dans un *coffee table book*, la « couleur locale » peut être à l'origine de la tonalité d'un projet: à Paris, en province, en bord de mer, en ville, à la campagne… le cahier des charges doit tenir compte de la région, de son climat et, parfois, du style de l'architecture locale. On ne va pas faire d'un cottage un loft new-yorkais…

## Tenir compte de l'histoire

Le meilleur exemple est peut-être ce voilier de 1889, une habitation sur la Seine à deux pas de Paris intra-muros, insolite et bourrée de charme. Celle-ci demandait en revanche à être sérieusement rafraîchie. L'architecture intérieure du bateau et l'agencement de l'espace n'ont absolument pas été modifiés: trois cabines, trois salles de bains, un salon, une salle à manger, une cuisine. Mais tout a été repeint à partir d'une palette historique que l'on a pu se procurer chez Ressource, un fabricant de couleur proposant une gamme impressionnante, pour tous les styles.

Côté déco, c'est évidemment à des antiquaires qu'il a fallu s'adresser pour parvenir à renouer avec l'esprit du lieu. D'anciennes portes de cabines de l'*Orient Express* ont été récupérées pour remplacer les portes abîmées des chambres. L'enseigne en bois sculpté d'un ancien parfumeur, plus originale qu'un tableau, a été choisie pour décorer l'une des cloisons principales. Dans les pièces d'eau, des robinets en laiton ont été préférés à l'inox, un matériau jugé trop « high-tech » dans ce contexte quasi historique.

Partout, c'est une atmosphère désuète que l'on est parvenu à créer, directement inspirée par la nature de ce lieu atypique. Un exercice décoratif proche, dans ce cas, de la reconstitution.

**CI-DESSUS** Ce salon combine le vert flashy et le gris charbon pour un intérieur ludique, frais et naturel.

Un meuble original comme cette commode à pois bleus peut apporter une touche d'humour et de gaîté à un intérieur.

**PAGE DE DROITE** Fauteuil Boule rouge (Eero Aarnio, 1966), avec un rappel de forme et de couleur dans les appliques et les verres.

### LE RETOUR DE LA COULEUR LOCALE

Le sujet est la source de nombreux débats: les hôtels design qui pullulent dans le monde depuis plusieurs années sont tous plus ou moins décorés avec le même mobilier et les mêmes couleurs parfois un peu impersonnelles, voire tristes. Où est le plaisir si tout se ressemble, que l'on se trouve à Buenos Aires, Tokyo ou Saint-Tropez? Certains touristes commencent à regretter une telle uniformisation et préfèrent fréquenter des chambres d'hôtes qui ont, selon eux, plus de charme et permettent de ressentir le dépaysement. Ne jamais oublier que la différence crée la richesse. Cela vaut aussi pour votre décoration!

DONT FORGET ME LOVE
DRINK YOUR WINE I
PRAY
LIGHT
TOOTH
BODY
TOUCH
MIND
LOUD
HEART
Troy 09

# UN MEILLEUR STYLE DE VIE

Pour moi, *design* et *lifestyle* vont de pair. À titre d'exemple, j'aime la mode, l'art, les voyages, mais aussi Paris avec sa « french touch », ses ruelles, ses toits, ses jardins et leurs sculptures, son alliance de classicisme et de modernité. En mixant ces ingrédients, je peux vous dire que la décoration permet d'affirmer un *style*, mais aussi un *style de vie*. Que l'on soit casanier ou noceur, sage ou discret, sophistiqué ou excentrique, la décoration de notre intérieur reflète notre façon de vivre, car nos goûts, notre style, notre manière d'être influent forcément sur notre décoration. Exactement comme on choisit une tenue vestimentaire pour soigner l'image que l'on renvoie, aux autres comme à soi-même. Il est donc important de soigner sa décoration. Surtout pour ceux d'entre nous qui ont l'habitude de recevoir, mais aussi pour les autres: il est agréable de savoir que l'on peut à tout moment accueillir une visite improvisée, un rendez-vous galant, par exemple, sans avoir à rougir du lieu dans lequel on vit.

Pour des raisons de confort, l'aménagement de notre intérieur doit aussi être en accord avec notre mode de vie. Ai-je vraiment besoin d'une salle à manger si je ne reçois pas? d'une grande cuisine si je dîne dehors tous les soirs? d'un espace avec beaucoup de cloisons si je vis seul ou en couple? Je ne saurais trop vous inciter à vous livrer à un exercice introspectif avant de penser à changer de déco.

N'hésitez pas à vous tourner vers un professionnel, un architecte ou un entrepreneur, si des connaissances techniques vous manquent. Souvent, l'économie d'argent et de soucis et le gain de temps, obtenus grâce à une gestion efficace des différents corps de métier, valent largement les honoraires perçus par l'architecte.

**PAGE DE GAUCHE** Un tableau de Troy Henriksen, Self Portrait, vient rehausser l'espace salle à manger de cette cuisine contemporaine. Table et chaise Knoll.

**CI-DESSUS** Table et chaise industrielle dénichées aux puces se transforment en espace bureau.

**CI-CONTRE** Une terrasse panoramique sur la ville accueille un ensemble de matelas lounge en cuir rouge qui nous invitent à la détente et à la fête.

## Tordre le cou aux conventions

**Les conventions nous renvoient à des idées reçues.** Si certaines ont du sens, d'autres nous empêchent de nous épanouir, parfois à notre insu. Il est plus difficile qu'il n'y paraît de renoncer à une habitude qui va pourtant à l'encontre de notre intérêt et de notre personnalité, surtout si cette habitude est validée par le reste de la société. Les conventions peuvent aussi nous faire renoncer à des projets originaux dont on a apprécié le résultat chez les autres. Il faut faire attention aux jugements du type: « ce n'est pas pour moi, c'est trop original » ou « je risque de m'en lasser ». Comment se faire une idée si on ne tente pas l'expérience? Voici quelques exemples d'idées reçues auxquelles il est facile de tordre le cou:

« Il faut une grande table et des chaises dans la salle à manger. » N'est-ce pas une perte de place si on ne reçoit pas? Peut-on imaginer une alternative à la salle à manger traditionnelle sans faire un trait sur l'usage occasionnel d'une grande table dans un espace convivial ? Auquel cas, on pourra inventer un espace intelligent, capable de s'adapter aux besoins. Cela peut être un bureau que l'on transforme en table pour un dîner ou encore un espace lounge qui donnera l'occasion de prendre le repas différemment, à l'orientale. On installera alors une grande table basse entourée de canapés et de divans.

« La salle de bains doit être une pièce à part entière. » Si on est seul, peut-on imaginer une salle de bains ouverte sur un autre espace? La chambre par exemple, ou un endroit plus original encore?

« Il faut éviter les couleurs foncées dans les petits espaces, car elles tassent les surfaces. » Dans certains cas, ne peuvent-elles pas, au contraire, donner de la profondeur et de l'intensité à une pièce au lieu de l'« étouffer » ?

« Il faut laisser les plafonds blancs dans les endroits bas de plafond. » Ce n'est pas vrai, car laisser une surface blanche au plafond alors que les murs sont peints attire l'œil et donne une impression de tassement qui contamine tout l'espace. Si, au contraire, on peint murs et plafond de la même couleur, l'espace respire dans ses moindres recoins.

**DOUBLE PAGE PRÉCÉDENTE** La salle de bains ouverte sur la chambre permet de profiter de la vue sur la tour Eiffel et de baigner dans la lumière. Vasque et baignoires Boffi. Le bois réchauffe l'ensemble.

**CI-CONTRE** Une chaise recouverte d'un tissu zébré et une commode à rayures (galerie Lys) jouent l'effet décoratif et la surprise.

**PAGE DE DROITE** Représentation d'un intérieur chic et élégant à la galerie Lys. Les murs sont recouverts d'un tissu à effet de matière. Une grande table et un buffet accueillent une série d'objets décoratifs. La démultiplication des points de lumière renforce l'atmosphère intime qui se dégage du lieu.

**DOUBLE PAGE SUIVANTE** Un miroir surdimensionné en émaux de verre s'invite au-dessus d'une console précieuse en nacre. Il joue la perspective et casse les repères. Un luminaire sur pied a été installé sur une colonne recouverte de feuille d'argent afin d'accentuer la hauteur de cet appartement.

**CI-DESSUS** Une bibliothèque sert de séparation à cette chambre et donne une impression d'intimité et de recueillement.

## Prendre en compte la manière dont on vit

Avant de commencer à imaginer un projet, il est recommandé de faire le point sur ses habitudes. Peut-on améliorer son quotidien en le rendant plus simple, plus confortable, plus ludique?

Il convient de se poser les bonnes questions en termes de style: est-ce que mon ancienne décoration correspond réellement à mes goûts personnels, à la personne que je suis, ou à celle que je suis devenue? Ce n'est pas un secret, dans la vie, on change, tout change. Nouvel emploi, nouvel amour ou drames qui nous affectent au plus profond de notre personnalité: ces changements auront *a fortiori* une incidence sur notre cadre de vie. Autant s'y préparer en portant une attention particulière à son organisation.

Dans cette perspective d'optimisation de l'espace qui nous est offert, il est parfois difficile de se poser les bonnes questions. C'est pourquoi je vous propose un extrait du questionnaire type que j'ai développé au fil des mes projets et que je mets aujourd'hui à votre disposition pour vous aider à cerner vos besoins en fonction de plusieurs critères, notamment votre mode de vie et la personnalité de chaque individu concerné par votre projet.

### UNE BIBLIOTHÈQUE DANS UNE CHAMBRE ?

Si la place est comptée, pourquoi ne pas installer une bibliothèque dans une chambre? Outre l'aspect esthétique, la bibliothèque optimisera l'espace de rangement et mettra en valeur une belle collection de livres. Quelques vases disposés sur les étagères créeront un rythme et les livres pourront être rangés par thème, couleur ou taille. Les couvertures des livres sont des éléments intéressants avec lesquels on peut jouer en les présentant de face. Ce qui donnera une touche artistique à l'ensemble.

### DÉFINIR SES VRAIS BESOINS

1. Combien de personnes habitent le lieu?
2. Certains membres de la famille sont-ils là de manière occasionnelle, uniquement le week-end par exemple?
3. Est-ce que l'on reçoit beaucoup? Si oui, combien de personnes en général?
4. Qui travaille à la maison et combien de temps par jour?
5. Vit-on plutôt le jour en famille, la nuit entre adultes? Ou les deux?
6. Est-ce que je sors beaucoup?
7. Quels sont les matériaux, les couleurs, les motifs que j'apprécie d'une manière générale? Sans penser au résultat qu'ils pourraient donner chez vous, il s'agit de réfléchir librement, sans tabou. Faites une liste.
8. Quels sont mes objets préférés?
9. Quels sont les styles de décors que j'apprécie en règle générale – peu importe le contexte dans lequel j'ai eu l'occasion d'y être confronté?
10. Chaleureuses, contemporaines, sophistiquées... Dans quels types d'ambiances suis-je à l'aise?
11. Quelles sont les couleurs que j'aime?
12. Quel est mon style vestimentaire? Celui de mon conjoint?

## Une rupture pour un nouveau départ

Savoir rompre avec les conventions et les habitudes pour améliorer son confort: voilà le challenge que je vous propose. Après avoir répondu à mon questionnaire, il vous est désormais possible de faire un tri entre les bonnes et les mauvaises habitudes. Et de commencer à réfléchir ainsi à des changements qui vont améliorer votre cadre de vie. Une décoration adaptée à sa manière de vivre est déjà gage d'une décoration réussie. Soyez original ! Et n'ayez pas peur d'innover, même dans votre style de vie !

### POUR LES MURS, PEINTURE OBLIGATOIRE ?

Aujourd'hui, avec le papier peint, comme celui de Molteni, très graphique (voir ci-dessous à droite), on peut créer des effets de matière impensables avec une simple peinture. J'aime aussi l'idée de poser du parquet sur les murs pour obtenir des effets graphiques et ajouter une touche chaleureuse et naturelle à une pièce. Et, pour un appartement de style loft, pourquoi ne pas utiliser l'aspect brut des parpaings gris pour offrir une cohérence originale à son projet?

### DES CHAISES IDENTIQUES ?

Halte au « total look »! On gagne en originalité en créant une collection de belles pièces. Non seulement on montrera une volonté de se distinguer, mais aussi son amour du design en réunissant des chaises de tous styles. Sans compter le plaisir de partir en chasse dans les showrooms, les expositions et chez les antiquaires.

**CI-CONTRE À GAUCHE** Mur en bois de récupération et lampe industrielle. La lumière fait ressortir la chaleur et les détails du bois.

**CI-CONTRE À DROITE** Motif de papier peint original au-dessus d'un ensemble de mobilier Molteni (showroom parisien).

**PAGE DE DROITE ET PAGE PRÉCÉDENTE** Esprit brut et décontraction pour ce loft de l'Est parisien. Sol en béton et murs en Siporex pour un esprit urbain et industriel. Ensemble de chaises hétéroclites et design (Charles Eames, fauteuil Fritz Hansen) autour d'une ancienne table militaire en métal. Le bois de noyer de la cuisine contraste avec les éléments bruts et réchauffe l'ensemble. Un meuble métallique rouge sert de desserte et égaie le gris de l'ensemble.

## UNE MÊME COULEUR POUR TOUT ?

Pour donner plus de personnalité, créer du contraste et un effet graphique, il est parfaitement envisageable d'alterner les teintes. Tant que les couleurs sont cohérentes ou que les formes du mobilier se répondent harmonieusement, on peut varier les plaisirs.

## DES RIDEAUX SEULEMENT AUX FENÊTRES ?

Dans un appartement, ils peuvent également servir à cacher des recoins dévolus au rangement. Ils dissimulent une bibliothèque en fouillis tout en enveloppant de mystère ces renfoncements. Surtout, ils peuvent devenir une clé de la théâtralisation de l'espace grâce à des tentures de qualité, offrant une matière souple et chaleureuse.

**CI-CONTRE** Cette salle à manger sophistiquée est en fait celle de mon loft parisien. Une table de 3,20 m réalisée sur mesure en miroir noir permet de grands dîners. Le fauteuil beige en bout tranche avec les chaises noires et rehausse l'ensemble. Un plafond à la feuille d'or vient donner du chic et crée un jeu troublant avec la table miroir.

**PAGE DE DROITE** Mélange classique du beige, du noir et de la rayure pour cette chambre à coucher entre féminin et masculin. Pour un esprit très déco, prévoyez toujours une tête de lit confortable, deux hauteurs d'oreillers et un plaid. L'ensemble du mobilier est proposé par la galerie parisienne Lys.

On ne pense pas assez souvent à jouer avec les plafonds, qu'on préfère laisser blancs. Quel dommage ! Apporter de la matière à un plafond lui donne du style, du chic et du cachet, que ce soit avec une impression numérique en trompe-l'œil, du bois ou, moins onéreux, un papier peint. Sachez qu'il est plus esthétique de poser les lés perpendiculairement à la fenêtre, car les raccords seront plus discrets. Mais poser du papier peint au plafond est une opération difficile et exige une certaine expérience.

## Adapter sa déco à son style de vie

Chaque cas de figure est différent et s'il nous est évidemment impossible de tous les passer en revue, voici quelques exemples qui nous permettront d'imaginer ce qu'il est possible de faire si on sait adapter un projet à un ou plusieurs styles de vie.

**Si notre intérieur vit la nuit,** des couleurs sombres et sophistiquées peuvent être envisagées, car un éclairage artificiel soigné suffit à les mettre en valeur afin de créer un cadre de vie accueillant. Pensez aux éclairages modulables et à ceux qui sont préprogrammés pour évoluer au fil des heures. Il existe par exemple chez Legrand des systèmes simples et adaptés au grand public. Différents scenarios de lumières en fonction de l'heure et de la présence de telle ou telle personne dans la maison ont été prévus – celle des enfants par exemple, auxquels on peut offrir un éclairage adapté. Toujours chez Legrand, le programme « Celiane » permet de contrôler facilement l'ensemble des éclairages de la maison.

Pensez également aux lumières indirectes qui donnent un effet plus « naturel ». Cachées sous des canapés, derrière des meubles, des lumières d'ambiance évitent le « coup de projecteur » que l'éclairage direct donne sur certains défauts de l'architecture, de la décoration ou sur nos visages fatigués... Enfin, projetez directement la lumière sur les objets que vous souhaitez mettre en valeur afin de mettre en scène et de renforcer l'unicité de votre intérieur.

**Si on reçoit beaucoup,** des canapés modulables – comme dans l'appartement de mon amie productrice – sont une bonne solution. Peu importe le nombre d'invités, ces meubles permettent d'adapter la disposition de la pièce: on pourra en rapprocher certains pour s'asseoir et discuter, puis les remettre en place le lendemain. Un gain de place qui évite aussi d'avoir l'impression de vivre la journée dans un bar de nuit.

**CI-CONTRE** Une salle à manger d'été s'ouvre sur une terrasse panoramique en plein Paris. Le blanc contraste avec la verdure de la terrasse et offre un écrin visuel à la vaisselle colorée. Un tapis épais réchauffe l'ensemble.

**Si l'on ne reçoit pratiquement jamais** et si l'on vit à deux, on peut songer à cloisonner l'espace du salon dans lequel on ne doit pas avoir l'impression de « se perdre ». On peut imaginer par exemple un petit salon intime pour se lover et, séparément, un espace pour une bibliothèque dans laquelle on installera une méridienne pour la lecture. Inutile également d'avoir une grande salle à manger et une grande cuisine si, comme ce couple, on préfère inviter ses amis au restaurant. Mieux vaut conserver l'espace, précieux, pour ses hobbies: la lecture, mais aussi le sport, le cinéma, la collection d'objets d'art…

**Si la solution est de rompre avec les conventions.** Dans le XVIe arrondissement, à Paris, j'ai travaillé sur un duplex qui occupe les 8e et 9e étages d'un bel immeuble surmonté d'une terrasse privée située encore un étage au-dessus. Avant mon intervention, l'entrée se faisait au 8e, la réception et les pièces à vivre étaient situées à ce même étage. Les chambres avaient été aménagées au-dessus pour préserver leur intimité du va-et-vient de l'entrée et de la réception. Revers de la médaille, il fallait donc passer par les chambres pour accéder à la terrasse. Mais rompre avec les conventions, c'est aussi tirer partie de l'architecture du lieu.

Les fonctions de chaque étage ont donc été inversées en disposant les pièces à vivre au 9e pour que les habitants du loft, au quotidien, et leurs convives de manière ponctuelle, puissent accéder directement à la terrasse. Quitte à entrer désormais dans l'appartement par l'étage où se situent les chambres. Un choix plus convivial qui a finalement séduit les clients, pourtant réticents au début, car tordre le cou aux idées reçues est parfois plus difficile qu'il n'y paraît. Mais ce que l'on gagne en qualité de vie une fois ce travail effectué n'a pas de prix.

Ne lésinez pas sur les coussins : ils donnent du chic.

Les accessoires renforcent un style.

**CI-CONTRE** Un salon d'été noir et beige modulable a été installé sur la terrasse de ce loft parisien. Une atmosphère chic et décontractée permet de profiter de la douceur du soleil et du chant des oiseaux.

**DOUBLE PAGE SUIVANTE** Luxe, calme et volupté pour cette chambre sophistiquée d'un appartement haussmannien. Un prolongement visuel de la baie vitrée a été créé et accueille un placard. Les couleurs utilisées sont un subtil mélange de grège et de violets doux. Une grande tête de lit théâtralise l'ensemble et lui confère un esprit d'hôtel

# CRÉER UN CAHIER D'INSPIRATION

**EN HAUT À GAUCHE :** tableau d'Hubert Palaquet. **EN HAUT AU CENTRE :** cheval en terre Cazaux (Cazaux Céramiques). **EN HAUT À DROITE :** détail d'un meuble (galerie Lys). **EN BAS À GAUCHE :** accessoires Molteni. **EN BAS AU CENTRE :** poufs en fausse fourrure et tissu pied-de-poule (Villa Arguibel). **EN BAS À DROITE :** statue de Philippe Chazot (Art Luberon). **PAGE DE DROITE** La brocante de Victor à Apt.

Toujours en amont des travaux, après quelques entretiens durant lesquels j'ai pu cerner les besoins de mes clients, j'organise ensuite un autre rendez-vous avec, à la clé, une requête plutôt insolite : ils doivent apporter des objets (vêtement, œuvre d'art, DVD, pochette d'album…) qu'ils aiment et qui sont liés à hobbies, leurs centres d'intérêts, leurs passions. Une démarche qui peut surprendre, mais cette sélection d'objets apporte bien des informations sur la personnalité du client et permet de cerner ses préférences, son sens de l'esthétique et son état d'esprit actuel. Ce n'est pas qu'une question de tendances, le parcours personnel de chacun doit entrer en ligne de compte.

## Mes carnets d'inspiration

**DOUBLE PAGE PRÉCÉDENTE** L'élégance au masculin. La rayure tennis blanche sur fond noir confère à ce bureau un esprit intemporel, sophistiqué mais décontracté, à l'image du mobilier et des luminaires de la galerie parisienne Lys.

Il est temps à présent de réaliser ensemble ce que j'appelle un « mood board ». C'est une sorte de carnet d'inspiration qui confronte toutes les choses que nous aimons et qui nous font réagir. Un panneau d'humeur en somme qui va servir à déterminer l'ambiance et le style que l'on veut donner à son projet.

Quand j'ai demandé à mon amie productrice de télévision de se livrer à un tel exercice, ça l'a évidemment beaucoup amusée. Mais le choix s'est avéré plus difficile que prévu. Comment un objet peut-il refléter une partie de nous-même et quel objet choisir ? L'exercice n'est pas si simple. Flamboyante, sensuelle, féminine, elle est aussi une femme de caractère, libre et déterminée. Elle a finalement opté pour une paire de talons aiguilles rouge vif.

Comme vous pouvez le constater en images, c'est dire si ce choix a été déterminant dans la définition de l'ensemble du projet. En règle générale, le « mood board » est la meilleure façon d'y intégrer la passion d'un client, la mode ou la musique par exemple, un artiste qu'il adore ou un style vestimentaire qu'il souhaite refléter dans son univers.

**CI-DESSOUS** Sculpture en papier mâché et papier découpé.

**PAGE DE DROITE** Chaise Jenette des frères Campana. Détail d'un objet dans un intérieur rouge et noir.
Planche de tissu noir et blanc avec une touche de rose shocking. L'indispensable « Coffee table book » sur une table en verre trempé noir Silvera.

_objects.

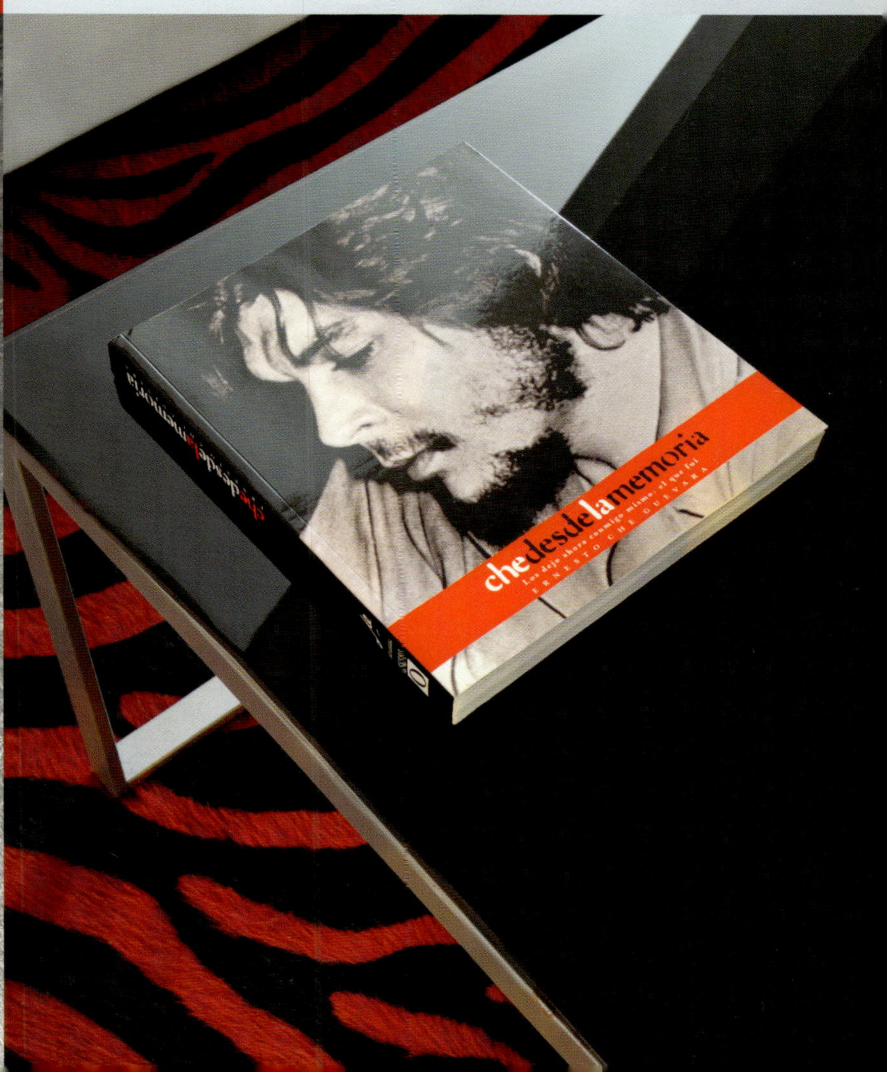
chedesdelamemoria
Los dejo ahora conmigo mismo: el que fui
ERNESTO CHE GUEVARA

## Constituer son « mood board »

Il faut commencer par sélectionner des éléments visuels qui nous paraissent séduisants: images de catalogues, de revues de mode, de décoration ou autres, morceaux de tissus, photos d'objets, de meubles, vêtements, œuvres d'art, lieux, échantillons de couleurs, de matériaux… Ces éléments vont constituer un ensemble, cohérent ou non dans un premier temps, que l'on collera sur une grande feuille de papier, de format raisin, ou sur de grands cartons plumes. Dans tous les cas, il s'agit véritablement d'un collage qui sert à dégager une ambiance, un style. Pour être sûr de ne pas se tromper, il faut « ratisser large » dans sa sélection et déterminer petit à petit un fil conducteur. Retirer certaines choses au fur et à mesure et en rajouter d'autres, jusqu'à l'obtention d'un ensemble cohérent. Ce sera le fil rouge du projet !

### DÉCLINAISONS

Avant de s'arrêter sur la version définitive, que l'on ne modifiera plus, il est possible de faire plusieurs tests et de réfléchir un peu avant de se décider. C'est même conseillé si l'on dispose d'un peu de temps devant soi. Pourquoi ne pas essayer, par exemple, de décliner certaines ambiances dans des couleurs différentes avant d'élire la bonne?

Le lit est un élément central. Soignez parure et coussins.

Le mélange de textures donne vie à un intérieur

## Comment utiliser son « mood board » ?

On sait que son « mood board » est terminé quand on peut y lire un ton, un style qui nous correspond. C'est un très bon outil de travail qui remplace efficacement les mots qui nous manquent parfois pour décrire ce que nous recherchons et ce qui nous plaît. Si je fais appel à un décorateur, celui-ci comprendra immédiatement en voyant mon « mood board » dans quelle direction il doit m'emmener. Si je me contente d'être mon propre maître d'œuvre, mon « mood board » en poche, j'irai voir les artisans concernés par la peinture ou les menuiseries par exemple, ainsi que les boutiques de mobilier, de luminaires et de tissus qui sauront plus précisément quel type de produits me proposer. Dans le domaine de la décoration, s'il n'est pas le seul à prendre en compte, le langage de l'image est évidemment primordial.
Un « mood board » sert aussi, à chaque étape du projet, de sa définition aux dernières touches de décoration, à revoir de quoi on est parti afin d'obtenir un résultat harmonieux. Il permet de se rendre compte à tout moment que l'idée était déjà structurée au début. C'est rassurant…

**PAGE DE GAUCHE** Les matières utilisées dans cette chambre à coucher (lin, coton, fourrure) procurent une impression à la fois de décontraction et de sophistication. L'ensemble des murs est recouvert d'un papier peint Élitis imitant à merveille le poulain.

**CI-DESSUS À DROITE** Un tableau presque vivant. Un papier peint de chez Arte International recouvre le mur de la montée d'escalier et plonge le décor dans un univers « animalier ».

**CI-DESSUS À GAUCHE** Les échantillons des matériaux doivent permettre de se projeter dans un décor. Ils préfigurent le ton et l'esprit.

## Conclusion de l'analyse

**CI-DESSOUS** Ce décor masculin mélange des matières comme le bois brut, la laque noire, le velours et le cuir, et a été défini minutieusement grâce à la création d'une planche d'inspiration.

**PAGE DE DROITE** Le noir, le beige, des beaux bois, le bronze, le velours, le marron, du tartan, un mobilier brésilien, autant d'éléments qui composent ce carnet d'inspiration « gentleman urbain » et donnent le ton à un projet.

Beaucoup de gens n'analysent pas correctement l'espace qui leur est donné avant de songer à le modifier. Comprendre l'ossature de l'architecture, tenir compte de son gabarit en quelque sorte, comme nous le faisons avec notre corps lorsqu'il s'agit de trouver un vêtement qui nous va: c'est le travail de fond auquel je me consacre avant de dessiner les contours d'un projet. Tout au long de ce chapitre, je vous ai livré quelques-unes de mes clés pour y parvenir à votre tour.

Je vous ai donné aussi d'autres recettes pour vous aider à définir votre style de vie et à déterminer précisément vos besoins, en les mettant en mots. Il vous est possible désormais de décider de ce qui va changer et de ce qui va rester dans vos habitudes et dans le fonctionnement de votre intérieur. Avec un peu de chance, certains d'entre vous en auront appris au passage un peu plus sur la relation qu'ils entretiennent avec eux-mêmes…

Ce chapitre nous a permis d'évoquer un outil qui m'est précieux, le « mood board ». Mon expérience m'a permis de constater que, lorsqu'il s'agit de discuter du style ou de l'ambiance, souvent, les mots manquent. Le « mood board » est une solution qui permet de mettre en images vos aspirations.

Ces différentes étapes étant maintenant derrière vous, il est temps de donner une dimension concrète à vos aspirations et de transformer vos envies en décoration.

# DONNER DE L'ESPRIT À SA DÉCORATION

Même si vous confiez votre chantier à un architecte talentueux, même si vous décorez ensuite ces espaces avec soin, à partir de matériaux de qualité et de mobilier luxueux, le résultat peut s'avérer parfois un peu impersonnel et manquer de caractère: le décor peut être « branché », sophistiqué, beau à regarder, mais sans parti pris. C'est « l'effet showroom » auquel certains décorateurs, comme certains magazines, veulent remédier en apportant quelques œuvres d'art par-ci, par-là. Mais visiblement, cela ne suffit pas toujours. Pour qu'un décor soit réussi, celui qui va habiter un lieu doit être le propre artisan de sa décoration, son auteur en quelque sorte, qui invente les grandes lignes de son intérieur comme un écrivain couche ses idées sur le papier.

Cet exercice vous paraît compliqué à réaliser *a priori*? Certes, il l'est. Mais heureusement, il existe quelques astuces qui vont vous faciliter la tâche. À partir des différentes étapes que nous avons évoquées précédemment – l'analyse de l'espace, la compréhension de vos besoins et de vos aspirations, l'analyse de vos goûts –, vous allez pouvoir créer l'atmosphère qui vous correspond le mieux, votre « ambiance » en quelque sorte, combinaison harmonieuse de différents éléments tels que la couleur, le mobilier, la lumière, les objets, et bien sûr les œuvres d'art.

# TROUVER LE FIL CONDUCTEUR

À partir du travail de réflexion que vous avez mené, l'idée à présent est de trouver un fil conducteur, ou « fil rouge », indispensable à la création et à la réalisation d'un projet cohérent et harmonieux. Il s'agit de l'une des étapes les plus excitantes dans la mise en forme du projet puisque c'est à ce moment que vous le voyez se dessiner peu à peu sous vos doigts et grâce à votre imagination. C'est à ce moment que les différents éléments du projet vont commencer à s'imbriquer, les étapes précédentes ayant permis de gagner du temps en fixant une ligne directrice et d'éviter les retours en arrière inutiles.

## Chercher la cohérence

**PAGE DE DROITE** Le showroom de la styliste de mode Eymèle Burgaud, ou comment puiser l'inspiration dans ses passions.

Pour parvenir à trouver ce fil conducteur, vous allez tout d'abord confronter votre carnet d'inspiration – sur lequel figurent les matières, les couleurs, le mobilier, les inspirations… en un mot « l'esprit » que vous aimeriez apporter à votre décor – avec la nature et l'histoire du lieu que vous investissez. En y pensant à tête reposée, en retouchant un peu votre carnet d'inspiration çà et là, en changeant une couleur ou un objet pour que les différents éléments forment un tout plus harmonieux, un style, voire un « look », va se dégager.

**Dans un deuxième temps,** vous devrez confronter ce « look » avec les conclusions que vous venez d'établir sur votre propre style de vie. De là, vous allez pouvoir imaginer une histoire qui va servir de « guide line ». Ma démarche de décorateur consiste à imaginer un tableau qui raconte cette histoire. Mais la personne qui se trouve en position de force pour écrire l'histoire est le client. Les événements relatés dans le décor, à mon sens, doivent être en relation avec la personnalité des individus qui habitent le lieu, ou du moins certaines facettes de leur personnalité. Qui n'a jamais déambulé de pièce en pièce, un cadre photo à la main, partagé entre la charge affective de l'objet et son impact nuisible sur la décoration? Pourtant, l'espace dans lequel on vit ne devrait jamais être uniquement constitué de matières et d'objets inanimés: tout ce qui rappelle ou évoque l'être humain – ses goûts, ses voyages, la représentation de sa propre image, l'histoire de sa vie, de sa généalogie… – ne devrait pas être considéré comme extérieur au projet. Il est possible et même souhaitable de « mettre de soi » dans un lieu. Voici quelques exemples.

ESMOD

## La théâtralisation du noir

Ici, on pénètre dans l'univers d'une personne de goût et de talent. La clé de ce projet tient dans la personnalité de sa commanditaire qui, de plus, est une femme qui se confie facilement, qui « parle ». Ce n'est pas le cas de tous les clients. Pourtant, tous devraient faire cet effort-là. Ma cliente, ancienne directrice d'une école de théâtre, décide de modifier la décoration de son appartement situé dans l'Ouest parisien. Elle souhaite donner un nouvel élan à sa vie et a choisi de le matérialiser en changeant son cadre de vie et en réaménageant son intérieur. Mais à l'évidence, il n'est pas utile dans ce cas de déménager puisqu'elle aime toujours l'appartement dans lequel elle vit depuis plusieurs années. Au fil de la discussion, j'apprends que, si elle avait l'habitude de courir les antiquaires et les marchés aux puces à la recherche de la perle rare, elle ne peut désormais plus voir une antiquité, même en peinture. Enfin presque.

**Son « mood board » révèle une attirance nouvelle pour le contemporain,** les lignes sobres et élégantes, mais pas pour le « design », quand celui-ci est synonyme de « mobilier en plastique transparent » ou d'« objets fantaisie ». Elle souhaite simplement habiter dans un cadre de vie bien ancré dans le présent, mais pas « daté », pour éviter qu'il ne se démode trop vite. Ma cliente aime porter des vêtements qui ont de la tenue. Sa garde-robe rappelle d'ailleurs l'élégance, la sobriété et la sophistication de la couturière Coco Chanel, un personnage qu'elle admire beaucoup. L'histoire qu'elle a écrite au fil de nos rendez-vous intègre une dimension théâtrale inhérente à son ancienne fonction de directrice d'un célèbre cours de théâtre. Son « mood board » affiche, quant à lui, des matières précieuses, du satin, de la soie ainsi que des couleurs sophistiquées: autant d'éléments qui nous rappellent son style vestimentaire.

**Le noir est une couleur « équilibrante » sur le plan psychique,** contrairement aux idées reçues. Utilisé sur les murs autour des fenêtres qui donnent sur Paris, la nuit, il permet de les faire « disparaître » au profit de la vue extérieure de l'appartement qui donne notamment sur la tour Eiffel. Il aurait été dommage de ne pas mettre l'accent sur ce joli spectacle. Le noir est ainsi devenu l'un des acteurs principaux de l'histoire racontée en amont de ce projet. Marié à de nombreuses touches blanches, il a apporté de plus une allure « mode » que ma cliente recherchait, tout en la rassurant sur la pérennité de son décor puisque l'accord noir et blanc est l'un des plus intemporels qui soit.

**PAGE DE DROITE** Le noir et le blanc s'opposent et s'assemblent avec harmonie. Une sculpture de Jouve trône sur la cheminée. La panthère se détache grâce au fond blanc surmonté d'un aplat noir. Le grand escalier en marbre blanc nous invite à monter à l'étage au rythme de vases qui évoquent les colonnes de Buren.

**CI-DESSUS EN HAUT** Coupe Lalique collection Mythique Garden, chandelier ancien. L'ensemble est posé sur un podium laqué de Cassina.

**CI-DESSUS EN BAS** Une chaise ancienne revisitée par la plume et la rayure donne un esprit classique et féminin à cet espace de détente en noir et blanc. Un éclairage rose a été installé sous la méridienne afin de souligner la ligne. Au mur, une photo de mode d'Antonio Spinoza apporte une touche artistique contemporaine, malgré son petit côté rétro.

## Exubérance latine et seventies

**Compte tenu des éléments de son « mood board »,** chez mon amie Angela, le rouge ne pouvait être que la couleur dominante qui a finalement offert à l'ensemble du projet tout son caractère, déclinée partout sur les murs, les placards, le mobilier… La modernité et la personnalité extravertie de la maîtresse des lieux, ainsi que sa passion pour Warhol, nous ont poussés aussi à réfléchir à une atmosphère seventies concoctée à partir du mobilier des designers scandinaves d'après-guerre, tels que Verner Panton (et sa fameuse « Panton Chair »), Fritz Hansen (et son célèbre fauteuil « Egg ») ou encore Eero Aarnio (la « Ball Chair »), et des pièces de designers contemporains, de Philip Starck notamment, qui étrangement rappellent cette époque.

**Pour qu'elle puisse recevoir facilement** sans compter le nombre d'invités, je lui ai proposé d'installer des canapés bas, aux accoudoirs et dossiers larges pour s'installer de manière très informelle dans un coin de son appartement en partie situé sous des combles. Pour optimiser cet espace irrégulier, des étagères ont aussi été aménagées sous le toit en pente, permettant ainsi de créer une bibliothèque et de mettre en exergue ses collections de livres et de photographies.
Des teintes prune pour la chambre et un rose indien dans la salle de bains, deux tons dérivés du rouge, apportent des touches de féminité supplémentaires amplifiées par les coussins, les rideaux et les multiples clins d'œil à ses origines latines, comme ces nombreuses petites Vierges qui rappellent ses voyages au Mexique ou à Cuba. Ailleurs, dans la salle à manger par exemple, la vaisselle Hermès, avec ses arabesques, accentue le côté surprenant de la décoration lorsqu'il est temps de passer à table. À chaque instant du projet, de la conceptualisation aux touches finales, nous avons cherché ensemble des références pop, féminines, sexy, avec en tête les décors des films d'Almodovar et tout l'univers qui s'y rattache. Et c'est bel et bien ce fil conducteur qui nous a permis d'obtenir, au final, un ensemble cohérent et une identité forte.

**DOUBLE PAGE SUIVANTE À GAUCHE** La vaisselle Hermès (collection Balcons du Guadalquivir), avec ses arabesques andalouses dessinées dans un beau rouge intense, renforce la tonalité espagnole flamboyante de ce décor. Verres et chandeliers de Baccarat, lustre de Verner Panton et sculpture dorée de Starck.
**À DROITE** Le fauteuil Œuf d'Arne Jacobsen (Fritz Hansen) invite à la détente. Une bibliothèque en fond a été créée dans l'architecture existante. Une collection de photos urbaines décore l'ensemble.

Ne craignez pas de mettre en valeur les objets que vous aimez.

**CI-CONTRE À GAUCHE** Un esprit « bourgeois bohème », grâce à cette Vierge rapportée du Mexique et installée dans une salle de bains. Comme sur un autel religieux, une multitude de bougies invitent avec humour à la spiritualité et au recueillement.

**CI-CONTRE À DROITE** La lumière feutrée d'une applique à trois branches en cristal de Bohême rouge fait ressortir le fil doré de ce papier peint baroque (Marburg).

**PAGE DE DROITE** Le canapé en cuir blanc bas a été choisi méticuleusement afin de pouvoir se glisser sous le plafond mansardé du salon. Au fond, un bar en laque noire accueille les convives les soirs de fête. Les coussins rouges font écho au tapis et au bar.

ANDY WARHOL
PICASSO

## La décoration d'hôtels, propice à l'invention d'histoires

**Mon expérience dans la décoration de lieux publics,** notamment d'hôtels, me pousse chaque jour encore plus loin dans la création d'univers chargés de théâtralité, de plaisir et d'émotion. J'aime concevoir un hôtel comme on écrit une belle histoire, chaque fois différente, capable d'éveiller les sens et de porter l'imaginaire vers une expérience unique. Pour l'hôtel Five de Paris et ses clients, il m'a été demandé d'aménager un double espace bar au concept fort autour du thème de l'amour. Je suis parti sur les thèmes du futur et de l'espace en m'inspirant de l'héroïne de science-fiction, Barbarella et de l'épique *Odyssée de l'espace* pour proposer aux hôtes de se détendre dans un cadre jamais vu dans ce type d'établissement. Avec la « Love Capsule », c'est le côté sexy et glamour de Barbarella que j'ai mis en avant en utilisant le rouge, symbole d'émotion et de passion, et un mobilier futuriste tout en rondeurs agrémenté de rideaux épais obscurcissant la lumière de la planète Terre. Pour l'autre espace, le « Love Lab », je voulais évoquer le laboratoire d'un savant fou à son commencement. Fioles et béchers s'entremêlent dans un joyeux désordre organisé sur les petites étagères qui ornent les murs. Des potions rosées circulent dans des tubes reliant ce matériel expérimental et loufoque, suggérant la concoction de philtres d'amour. Un appareil Polaroid mis à disposition des amoureux pour capturer les instants magiques qui verront le jour dans cet espace, parachève le décor. C'est donc un véritable cocon sensuel au romantisme futuriste dédié aux amoureux en quête d'une Odyssée à deux qui a été créé.

**CI-DESSOUS À GAUCHE** Une banquette créée sur mesure offre une découpe et une forme originales. Le pouf s'assemble et se détache d'un simple geste.

**CI-DESSOUS À DROITE** Banquette capsule en lévitation. La lumière dissimulée dessous accentue le flottement futuriste de l'assise.

**PAGE DE DROITE** Des objets basiques pas si basiques – des fioles de laboratoire – donnent un esprit ludique à une décoration. On est ici dans le laboratoire d'un savant fou.

**DOUBLE PAGE SUIVANTE** Un revêtement laqué normalement utilisé pour le sol recouvre les murs du bar de l'hôtel parisien Le Five et lui confère un rendu miroitant. En fond, une banquette surdimensionnée accueille le visiteur et le plonge dans un univers futuriste grâce à la photo rétro-éclairée d'un paysage spatial.
Le plafond, vague en papier, a été réalisé par les ateliers Procédés Chénel.

## ÉCRIRE VOTRE PROPRE HISTOIRE

Pour raconter votre propre histoire et poser ainsi les balises de votre projet, allez chercher l'inspiration dans ce que vous aimez et ce qui vous caractérise en tant qu'individu: ce peut être l'art, les voyages, la musique... Les clins d'œil à votre histoire personnelle ne doivent pas être écartés, au contraire, à condition qu'ils restent en harmonie avec le reste.

**CI-DESSUS ET CI-CONTRE** Ces velours et satins sont signés par l'éditeur italien Dedar. Le choix des tissus est souvent la partie complexe d'un projet de décoration. Il est important de commencer par les tissus avant de définir le reste des habillages.

**PAGE DE DROITE EN HAUT** La lumière met en valeur le rouge éclatant de ce seau à champagne dessiné par l'Espagnol Jaime Hayon, surnommé « l'Almodovar du design ».

**PAGE DE DROITE EN BAS** Table en laque rouge Dessous chic (Zanotta) de Noé Duchaufour-Lawrance. Les chaises S de Verner Panton se découpent comme des sculptures.

# LE «SAUT CRÉATIF»

Avant de devenir décorateur, j'ai d'abord travaillé dans la publicité après des études en histoire de l'art. À cette époque, je travaillais pour des marques très créatives comme Thierry Mugler ou Perrier. Mon modèle était Jean-Marie Dru, un publiciste célèbre. Dans son ouvrage *Le Saut créatif* (Jean-Claude Lattès, 1984), il raconte comment, dans cette discipline, on s'inspire de l'histoire d'une marque et des attentes de ses dirigeants pour créer quelque chose qui va surprendre, peut-être même déranger dans un premier temps, mais qui, finalement, va dépasser leurs attentes. J'espère ne pas trop déformer ses propos, mais en tout cas c'est comme cela que je les ai perçus quand j'étais un tout jeune publiciste.

**J'ai toujours voulu être décorateur.** Quand j'ai eu le courage de quitter ma première « carrière » pour me lancer dans ce métier qui requiert autant de connaissances techniques que de talents de créateur, j'ai conservé cette idée de « saut créatif » pour m'aider. Les deux métiers de publiciste et de décorateur ne se ressemblent pas, mais, pour étrange que cela paraisse, décorer un appartement pour un client, c'est aussi répondre aux attentes de ce dernier et l'amener sur un territoire d'expression, dans un univers fort... Le professionnel a des connaissances, une expérience qui lui permettent de réaliser un projet qui correspond à son client. Cet exercice comprend une part d'inconnu qui peut être anxiogène pour tous, pour le décorateur comme pour le client.

**Le professionnel part des informations qui lui sont données** pour apporter quelque chose de neuf: un décor qui va être à la fois visuel et palpable. À l'intérieur de ce « saut créatif », il y a forcément des éléments qui échappent au client, ce qui peut le surprendre dans un premier temps ou, pis, le décevoir. Mais au final, un projet réussi est celui dans lequel on reconnaît la personnalité des maîtres des lieux, un projet harmonieux sur le plan visuel et fonctionnel: tout doit être pensé pour le confort des habitants et de leurs hôtes occasionnels. Car la décoration doit amener à se sentir bien. Pour cela, il faut avoir conscience des proportions, comme en matière d'habillement. Ainsi, puisque l'on n'achète pas ses vêtements deux tailles au-dessous, une table pour huit ne doit et ne peut accueillir plus de huit personnes. Et si vous savez que vous recevez régulièrement davantage de convives, concevez votre décor en prenant en compte ce paramètre, avec une table à rallonges par exemple. *Idem* pour un canapé, il doit s'adapter à votre architecture et à votre style de vie. Inutile de vous offrir un gigantesque sofa d'angle si vous aimez passer vos soirées seul devant la télévision et de lui faire tourner le dos à la petite lucarne. Et ce n'est qu'au bout de quelques jours que l'on sait si notre nouvel univers nous correspond pleinement ou s'il y a des choses à revoir.

## Chez la directrice d'une école de théâtre

C'est à partir de ses réflexions, de ses envies de changement, de ses besoins que j'ai créé le nouveau décor de l'appartement de cette cliente. Au-delà du simple choix de couleurs ou de l'achat d'un beau mobilier, l'univers « construit » dans cet appartement a un sens. D'abord, je qualifierai son style dramatique de « néo-néoclassique », sorte de néoclassicisme contemporain, chic et élégant, un brin « pompéien ». Même si elle souhaitait faire table rase de son passé, oublier les meubles qu'elle avait l'habitude de chiner en brocante, il lui était difficile de se séparer de certaines pièces. Le défi dans cette réalisation fut donc d'intégrer quelques pièces de style au sein d'un univers contemporain qui incarne un « nouveau départ » dans la vie de la cliente.

**Un des points de départ de mon travail** chez elle a été un guéridon en bronze représentant un serpent qui croque une pomme, orné de feuilles d'acanthe, qu'elle possédait depuis toujours. Cet objet m'a inspiré un « saut créatif ». La mythologie est ainsi devenue un des vecteurs de mon discours visuel: la vaisselle de Versace, et sa fameuse Gorgone, l'esprit napoléonien qui s'inspire de l'époque romaine (les escaliers en marbre blanc, une table en marbre noir, un portrait de Napoléon Bonaparte inspiré d'une sculpture de Canova en mosaïque Bisazza...). Dans cet univers que l'on pourrait presque qualifier d'« imaginaire », le design du XX$^{e}$ siècle, de Saarinen par exemple et ses fameux sièges « Tulip », semble même pencher du côté de l'Art déco. En y réfléchissant, il existe d'ailleurs des points communs entre le design organique des Scandinaves et l'Art déco. Le motif végétal par exemple... Comme quoi, il ne faut pas avoir peur de mélanger des choses qui semblent diamétralement opposées. C'est étonnant, mais l'harmonie peut aussi naître du chaos.

À bas
le « total look » !
Mixez
les styles !

**CI-CONTRE** La vaisselle dorée dessine un symbole cher à Versace : la tête de Méduse. Cette image renvoie tant à la mythologie qu'aux origines du styliste.

**PAGE DE DROITE** Un guéridon ancien en bronze ayant appartenu à un chanoine de l'église de la Madeleine trône dans l'entrée de cet appartement de l'Ouest parisien. L'ornementation du pied fait appel à la mythologie. À l'arrière-plan, un bureau First Time et une Chaise blanche de Verner Panton. Un pouf mobile de chez Missoni accentue l'esprit couture du lieu.

**DOUBLE PAGE SUIVANTE** Cet intérieur très sophistiqué exprime à merveille l'élégance intemporelle du noir. Un portrait surdimensionné de Napoléon Bonaparte en pâte de verre de Bisazza théâtralise et dramatise l'ensemble. Vaisselle Baccarat, coupe rouge Lalique Mythique Garden.

## Chic intemporel et sophistication dans l'Ouest parisien

Ce jeune couple d'amis a décidé de transformer un bel appartement acquis dans un quartier chic de la capitale, pour s'y installer avec son unique enfant. Ses attentes étaient à la fois très simples à définir mais difficiles à mettre en œuvre, et ce malgré un budget très souple. Ces deux personnes aiment la sobriété, les couleurs neutres, les beaux matériaux. Elles apprécient les décors contemporains mais pas l'excentricité. À partir de leur « mood board », j'ai compris qu'elles souhaitaient un style que l'on appelle parfois le « classique contemporain », une modernité sans formes trop originales ou décalées, de mobilier trop « daté ». J'ai vite compris également qu'il valait mieux éviter toute « branchitude » ou phénomène de mode. J'avais affaire à des personnes au goût sûr, mais pas à des « design addicts »... Sur le plan architectural, elles ont exprimé le besoin de recréer des pièces traditionnelles, dotées chacune de fonctions on ne peut plus essentielles: un salon, une cuisine, des salles de bains, des chambres... Le chantier pouvait paraître simple sur le papier, ce fut pourtant à nouveau un challenge à relever.

**Tout d'abord en raison du volume** avec un appartement de 200 mètres carrés sur trois niveaux et d'une terrasse panoramique de 100 mètres carrés. Il a donc fallu restructurer l'espace pour répondre à leur attente. Ensuite, le défi consistait à offrir à deux personnes simultanément des équipements sur mesure, tant pour les matériaux que pour les couleurs. Nous avons donc choisi des essences précieuses de bois comme le sucupira du Brésil et du verre trempé pour les escaliers afin d'apporter une touche très contemporaine. Pour le salon, nous avons joué avec les textures classiques comme le lin,le cuir et le bois pour des effets de matière. Dans la cuisine, nous avons à nouveau parié sur les valeurs sûres comme l'inox, le marbre, le bois, en ajoutant du style avec des banquettes en cuir autour de la table. Surtout, j'ai insisté sur le traitement des matériaux pour leur donner un aspect unique et sur les finitions, jusqu'aux interrupteurs et à la domotique, entièrement centralisée.

**PAGE DE GAUCHE** La table en chêne cérusé contraste avec le tableau en lettres orange de Denis Robert, La Punition, et les coussins en satin taupe, violet et gris.

**CI-CONTRE** Méridienne en laine grise de Modénature, tableau de Patrick S. Naggar, tabouret Barcelona de Mies van der Rohe.

**CI-DESSUS** Le salon intérieur communique avec un salon extérieur surplombant tout Paris. Un mur maçonné et peint en « gris de lune » (peinture Flamant) accueille une longue cheminée contemporaine pour réchauffer les nuits d'hiver et permet l'encastrement de la télévision. La chaise Barcelona de Mies van der Rohe en cuir blanc contraste avec le canapé en lin gris.

**CI-CONTRE** Un plan en chêne naturel Boffi reçoit une vasque comme une sculpture. Photo en hommage à Serge Gainsbourg dans son bain.

**Pour les couleurs,** nous avons convenu ensemble de travailler autour d'une certaine idée du « style flamand ». Partout, une palette de couleurs chaude et classique – du beige, du blanc, du marron pour le mobilier, une déclinaison de gris – a été employée, autant sur les murs que pour le mobilier. Je les ai simplement rehaussés de quelques touches de gris-rose ou de prune. C'est dans ce domaine que les échanges avec mes clients ont été les plus nombreux. Pour les teintes également, j'ai effectué un travail sur mesure, au-delà de ce que proposent les palettes des fabricants. De nombreux placards, de couleur taupe par exemple, ont été intégrés dans l'architecture pour faire « disparaître » les rangements, par souci de discrétion. Le design sélectionné était évidemment contemporain et élégant: le mobilier blanc des marques Knoll et Cassina à l'intérieur, et à l'extérieur, sur les terrasses, le Plexiglas transparent de Kartell.

**Dans les salles de bains et la cuisine,** des éléments cossus et de marque (Boffi ou Varenna) ont été choisis: des placards et un îlot central noir et marron foncé sur des murs blancs dans la cuisine; des vasques, des douches et des baignoires blanches sur des murs blancs dans les salles de bains. Peu à peu, le décor s'est agrémenté de quelques touches d'originalité qui ont été finalement bien reçues par les clients. Tout d'abord avec des classiques du design comme la chaise Barcelona ou ce portrait coloré de Rimbaud sur lequel apparaît le mot « wine » répondant à la passion œnologique du propriétaire. Ensuite, j'ai pu aller encore plus loin avec, entre autres, cette suspension lumineuse reprenant la forme de bouteilles de lait que j'ai installée dans la cuisine, ou cette cloison en verre qui sépare la chambre des parents de leur salle de bains. Il s'agit là d'une astuce qui permettait de mettre en scène, depuis le lit, la splendide baignoire qu'ils ont choisie et de faire entrer la lumière dans la salle d'eau. Sans oublier le plaisir d'une vue imprenable sur la tour Eiffel tout en prenant son bain! Des rideaux épais, couleur chocolat, ont néanmoins été ajoutés, pour préserver l'intimité des occupants quand l'un d'eux fait sa toilette.

**CI-DESSUS** La cuisine de cet appartement contemporain donne sur la ville par l'intermédiaire d'une terrasse arborée. Mobilier et plan de travail en inox brillant de chez Varenna.

**CI-CONTRE** La chambre s'ouvre sur la salle de bains, conférant ainsi une impression d'espace. Le tableau décoratif de chez Dix heures dix surplombe le lit et est mis en valeur par la peinture grise (Flamand).

**DOUBLE PAGE SUIVANTE** La salle à manger de cet appartement contemporain bénéficie d'un emplacement idéal face à la tour Eiffel. Le soir venu, la table en bois brut d'Édouard Rambaud accueille les lumières de la ville. Banquette en cuir d'Édouard Rambaud et sculpture de Niki de Saint Phalle.

# CRÉER SES PLANCHES DE STYLE

**PAGE DE GAUCHE** Les motifs permettent de donner de l'originalité, de l'audace et du tempérament à un décor. Ici, un tissu graphique revisite le motif classique de la fleur (tissu et chaise Dedar).

**CI-DESSUS** Accrochez vos choix sur un tableau en mousse et essayez différentes combinaisons jusqu'à ce que la palette vous apparaisse comme une évidence. L'évidence est le maître mot de l'harmonie (tissus Dedar).

Maintenant que vous voyez apparaître plus clairement les grandes lignes de votre projet, il vous faut choisir plus précisément les matériaux, les couleurs, les motifs et le mobilier que vous allez utiliser dans chaque pièce. C'est un véritable carnet de route sur laquelle apparaîtra chaque détail utile à la conception de votre décor. Pièce par pièce, vous allez réaliser des « planches de style », collages sur grandes feuilles (format raisin ou autres grands formats) réalisés à partir de découpages de photos de meubles et de motifs dans les catalogues ou les magazines, mais aussi d'échantillons de couleurs et de matériaux que vous trouverez dans les magasins ou directement auprès des fournisseurs.

**Tout au long de la réalisation du chantier,** ces planches de style doivent être conservées comme référents. À tout moment, il sera possible d'y ajouter une couleur ou tout autre élément décoratif. Il pourra être montré aux artisans, aux différents corps de métier et vous pourrez l'emporter lors de vos déplacements dans les boutiques par exemple, pour passer la commande de gros objets ou acheter un dernier accessoire: un coussin, une lampe de table… Ces planches vous permettent de vérifier à chaque instant que tout « colle », qu'un détail supprimé ou ajouté n'a pas perturbé l'harmonie de l'ensemble.

## CHECK LIST AVANT DE PASSER COMMANDE

Dans tous les cas, la planche de style va vous aider à évaluer l'harmonie de l'ensemble de votre projet, pièce par pièce, et vous apporter toutes les réponses aux questions que vous devez obligatoirement vous poser avant de passer commande auprès des magasins et des fournisseurs et de faire votre « shopping déco »:

- Les couleurs se marient-elles bien entre elles?
- Y en a-t-il trop? pas assez?
- Les différentes formes des meubles que j'ai choisis vont-elles bien ensemble?
- Est-ce que le tout est trop pauvre? trop compliqué?
- Y a-t-il trop d'imprimés? pas assez? Etc.

## Les travaux peuvent commencer

Il est important, au préalable, de dresser une liste de tous les travaux à prévoir.

Trouver le fil conducteur d'un projet n'est pas chose aisée. Il faut y mettre de soi, une démarche qui s'avère finalement plus « artistique » qu'il n'y paraît. Mais une fois les grandes lignes définies, la réalisation d'un carnet de bord peut être un vrai jeu d'enfant qui en prime apporte la satisfaction de visualiser ses efforts, celle de voir l'univers que l'on est parvenu à créer, comme si l'on y était. Si on a déjà réglé les questions de structure de l'espace, seul ou avec l'aide d'un architecte, les travaux peuvent commencer. Il faudra contacter les artisans et les différents corps de métier, ou confier cela à un maître d'œuvre délégué, architecte d'intérieur ou entrepreneur. Ces travaux, ce n'est un secret pour personne, peuvent s'avérer pénibles. C'est un parcours semé d'embûches. Mais ceci est une autre histoire.
Une fois l'ensemble des travaux effectué, il est temps de « mettre en scène » le décor.

## ORGANISATION DU CHANTIER

Dans tous les cas, l'organisation des travaux se fait toujours en deux étapes:
Étape n°1: **Démolir/Déposer**
Il s'agit avant tout d'enlever tous les éléments qui n'ont plus leur place dans le nouveau projet: les éléments de cuisine ou de salle de bains par exemple, les moquettes, les parquets s'il le faut, et la décoration au sens mobilier et accessoires déco. Il faudra ensuite casser les cloisons et le carrelage dont on veut se séparer.
Étape n°2: **Poser/Construire**
Une fois que l'on a fait le vide, il s'agit de réparer ce qui a été cassé, d'attaquer la maçonnerie, l'électricité et la plomberie, les peintures et la menuiserie (parquets, portes, huisseries).

**CI-CONTRE** Un revêtement beige rappelant le daim (Arte International) a été installé à l'intérieur des boiseries de cet appartement haussmannien. Cet effet de matière donne du chic et de la chaleur à l'espace. Les canapés en velours gris La Fibule s'articulent en L, délimitant l'espace principal du salon.

**PAGE DE DROITE** Deux énormes lampes en métal et abat-jour plissé trônent sur deux stèles recouvertes de feuille d'or. Elles donnent de la structure et ordonnent l'espace, nous invitant à avancer dans la galerie. Le jeu architectural des plafonds insuffle du mouvement à l'ensemble.

# COULEUR ET LUMIÈRE

La question de la mise en scène m'interpelle particulièrement. Car aménager son intérieur, c'est raconter une belle histoire. C'est aussi montrer une certaine image de soi, aux autres comme à soi-même. Prenons le cas du style vestimentaire. Il nous définit, « à première vue », auprès de ceux que nous sommes amenés à rencontrer. Nous pouvons parfois tricher un peu ou grossir le trait, grâce à une tenue qui ne nous correspond pas tout à fait. À travers ses vêtements, on s'adresse aussi à ceux que l'on connaît déjà: « Regarde combien j'ai changé. Je suis plus féminine, plus sûre de moi. » Ou au contraire: « J'ai lâché prise, je suis moins attaché aux biens matériels, j'ai rajeuni de dix ans... »
À l'instar d'une nouvelle silhouette vestimentaire qui nous irait comme un gant, notre intérieur doit en dire long sur nous. Quand on aménage ou quand on réaménage son intérieur, on doit avoir cela en tête, au-delà des critères de confort et de fonctionnalité qui ont bien sûr leur importance, comme nous l'avons déjà largement évoqué: «habiller» sa maison, c'est comme s'habiller soi-même.
Il faut tenir compte de sa «morphologie» afin de ne pas se tromper (de meuble, de couleur, de dimensions...).

Dans ce chapitre et le suivant, vous découvrirez que «mettre en scène» son intérieur ne veut pas dire forcément lui donner un côté théâtral ou pompeux. Cela signifie d'abord mettre en valeur certains objets. En les éclairant par exemple, en les confrontant les uns aux autres d'une façon inhabituelle, ou au contraire de manière si pertinente que cela en devient surprenant. Il y en a pour tous les goûts en la matière, des mises en scène les plus «naturelles» aux plus «baroques». Mais chaque décor, sans exception, dépend du travail sur la disposition de chacun de ses éléments et la façon dont ils dialoguent entre eux. La volonté de créer une « osmose » comme on dit... En aucun cas un décor minimaliste ne peut être considéré comme résultant d'une absence de travail. On peut aimer que cette recherche sur la mise en scène soit visible ou cachée, mais cela ne veut pas dire qu'elle n'existe pas. D'ailleurs, l'«absence», d'une couleur, d'un meuble ou d'un élément décoratif n'est-elle pas déjà un choix?

Pour ma part, je trouve que le dialogue entre les objets est d'une importance capitale. J'aime jouer avec les couleurs, l'art et l'image. Toutes les images: graphiques, pop, classiques... Quant à la lumière artificielle sous toutes ses formes, de la plus simple à l'intervention d'artistes qui jouent avec ce medium, elle est un élément que je prends désormais systématiquement en considération.

# OSER LA COULEUR

Pour choisir la couleur, il faut la connaître. J'ai pu constater que mes clients ont souvent une terrible peur de prendre des risques. Le blanc reste, pour tous, la norme et la solution de facilité. Pourtant, la couleur est indispensable au décorateur. Elle participe au style, l'« assoit » en lui donnant de la profondeur et de la légitimité.

## Apprendre à regarder les couleurs

Certains décors reposent totalement sur la couleur. Il m'est arrivé de créer des décors entiers en jouant avec l'usage d'une seule couleur. L'orange par exemple, dont j'apprécie la connotation seventies. Dans un projet, j'ai ainsi décliné cette couleur d'agrume sur tous les murs d'une pièce, pratiquement sans décoration, mis à part un beau meuble signé par un designer (un canapé dessiné par le sculpteur Vladimir Kagan pour Roche Bobois), qui était d'une autre couleur, framboise. C'était les deux seuls éléments constitutifs de ce décor.

**Les couleurs sont associées à des époques,** ce sont des marqueurs de temps. Elles peuvent aussi être associées à des lieux. Avant de faire son choix, il faut se renseigner sur les différents effets de chaque couleur. Le choix de la couleur est la plupart du temps le point le plus litigieux quand je réalise un chantier. Mais je me mets à la place du néophyte: on peut être facilement perdu face à la multitude de teintes proposées par les marques de peintures. Il suffit d'entrer dans un magasin spécialisé pour s'en rendre compte: les clients ne savent pas par où commencer. Se renseigner permet de s'éviter bien des peines et des accès de panique. Apprendre à distinguer les couleurs froides des couleurs chaudes est sans doute la première étape qui vous aidera à y voir un peu plus clair concernant leur application à votre projet.

**EN HAUT** Le mobilier coloré est une bonne alternative pour apporter du dynamisme et du peps à un décor. Fauteuil rouge Utrecht, création T Reietved (Cassina, 1935).

**EN BAS** Le turquoise, l'orange et le céladon, trois teintes originales qui donnent à coup sûr un esprit à la fois classique et dynamique.

**PAGE DE DROITE** Les tableaux sont une bonne idée pour jouer la couleur sans toucher à la peinture des murs. Ici, La Femme verte de Chen Wenbo.

### LE CERCLE CHROMATIQUE

Inventé par Isaac Newton, c'est un outil indispensable pour choisir et accorder les couleurs. Il montre le spectre des teintes, toutes obtenues à partir de trois couleurs primaires: bleu, jaune et rouge. Les couleurs chaudes sont à gauches, les froides, à droite. Les couleurs opposées sur le cercle sont complémentaires (rouge et vert, bleu et jaune, etc.). En les mariant, on crée des contrastes, des ruptures. Au contraire, celles qui se trouvent à proximité les unes des autres forment une famille et peuvent être assemblées pour obtenir une harmonie chromatique.

## Le pouvoir des couleurs chaudes, la puissance des couleurs froides

**DOUBLE PAGE PRÉCÉDENTE** La combinaison de ces deux couleurs fonctionne parfaitement pour donner un esprit glamour à un décor. Ici, la réception de l'hôtel Five. L'ajout du gris adoucit le mariage de ces deux teintes fortes. La composition picturale bicolore des boiseries permet de les mettre en valeur.

On regroupe généralement les couleurs en deux familles distinctes, celles dites « chaudes » et les autres qualifiées de « froides ». Elles ont chacune leurs significations, leurs codes et leurs usages, à manier avec précaution et toujours dans le cadre de votre projet. Parmi les premières, on retrouve évidemment le rouge pour symboliser l'énergie, la chaleur. L'orange est synonyme de bonne humeur, de gaîté tandis que le jaune est source de lumière et de stimulation. Dans les couleurs froides, à ne pas confondre avec tristes, le bleu rappelle la fraîcheur, la détente, l'eau, et le vert ramène à la nature, au repos. Le violet, lui, appelle à la méditation. C'est ce que certains nomment le langage des couleurs et il faut apprendre à le parler pour construire votre décor. Ainsi, en les appliquant sur des murs, au sol ou au plafond, on peut obtenir de ces deux familles de couleurs des effets diamétralement opposés, car les couleurs chaudes ont tendance à « jaillir » vers nous, rendant ainsi l'espace plus intime et *a fortiori* plus « petit ». Les couleusr froides au contraire « agrandissent » l'espace car elles ont tendance visuellement à « reculer » quand on les regarde.

On parle de couleurs chaudes pour désigner l'orange, le rouge et le jaune. Elles ont la faculté d'accroître l'intimité d'un lieu.

**Les couleurs auraient aussi un effet sur notre mental,** voire notre organisme. Il existe des études très sérieuses qui ont tenté de vérifier ces hypothèses. Les croyances populaires elles, les ont validées depuis bien longtemps. Pourquoi le rouge est-il si souvent utilisé dans les restaurants? Parce que c'est une couleur qui stimule l'appétit, tout simplement. Sachant cela, on ira donc plus facilement vers un bleu pour décorer une salle de bains, un violet pour une chambre, un jaune ou un rouge pour une cuisine. S'il vous est déjà sans doute plus facile de faire un choix, n'oubliez pas que ce ne sont que quelques règles de base générales. Chaque personne réagit de manière différente. Pour ma part, je préfère suivre mon instinct plutôt que des règles préétablies.

Quelques touches de couleur sur les meubles, les rideaux, les tapis ou les coussins peuvent avoir les mêmes effets que si elles sont utilisées à grande échelle sur les murs, ne perdez pas cela de vue. Elles vont dynamiser la perception globale de l'espace et lui donner du « peps ».

**PAGE DE GAUCHE** Il y a plusieurs façons décoratives d'ajouter de la couleur dans un intérieur : en jouant avec la peinture des murs (en haut à gauche et en bas à droite : Le Mas de So, maison d'hôtes aux couleurs vives), avec le mobilier (en haut à droite : suite au Riders Palace de Laax, en Suisse), avec les tissus et les accessoires (en bas à gauche, verrerie de chez Driade). À vous de choisir l'option qui vous correspond.

**CI-CONTRE** On peut jouer avec les fleurs ou les accessoires, comme ici une avec une série de petits cubes métalliques vert pomme qui accueillent de la verdure et dynamisent le mur gris anthracite.

## La couleur en architecture

Jouer avec la couleur est un moyen simple et économique de restaurer n'importe quelle partie de la maison.

Loin d'être uniquement « accessoire », la couleur est aussi un outil qui permet de structurer l'espace. Celui-ci peut paraître plus grand ou au contraire plus intime si l'on sait jouer avec la densité et la profondeur créées par l'usage de couleurs différentes. Utilisée en soubassement, une teinte différente peut venir casser la monochromie d'un mur. Elle peut aussi créer un espace à l'intérieur d'un autre. Et contrairement aux idées reçues, son utilisation répétée est particulièrement recommandée à l'intérieur des appartements de taille réduite, dont chaque volume doit nécessairement accueillir plusieurs fonctions. Comment aménager un coin bureau dans une chambre ou un coin salle à manger dans un petit salon lorsqu'on vit dans un mouchoir de poche ? La couleur est un élément qui délimite une fonction dans l'espace, qui plus est sans l'encombrement d'un mobilier superflu ni d'une cloison étouffante.

**CI-CONTRE À GAUCHE** La couleur suffit à rendre attrayant un simple couloir. Ici, la combinaison du vert et du tilleul dynamise un long espace (Le Mas de So).

**CI-CONTRE À DROITE** La couleur permet de marquer un espace dans l'espace. Ici, l'utilisation d'un bleu turquoise délimite l'espace salle à manger de cet appartement. Le gris quant à lui habille le fond des étagères. Le tout est contrebalancé par des touches de noir.

### FAIRE DISPARAÎTRE UN ÉLÉMENT

Un peu à la manière d'un trompe-l'œil, une des vertus de la couleur est de savoir faire disparaître des éléments dans le décor. Comme par magie. À défaut de cache-radiateur, vous ferez oublier un radiateur si vous le peignez dans un coloris identique à celui du mur sur lequel il est posé. Dans ce cas, choisissez pour les deux une couleur « sourde », c'est-à-dire ni trop vive, ni trop lumineuse.

## Un usage structurant

Un jeune couple m'a demandé de réaliser la transformation de son appartement situé dans le X^e^ arrondissement de Paris. Le manque de place n'était pas le problème, mais l'appartement était organisé autour d'une pièce principale, un principe que nous avons décidé de conserver après les travaux. Nous y avons installé salon et salle à manger. La plupart des murs de l'appartement ont été peints en blanc, bleu et noir, mais dans cette pièce, j'ai inversé l'usage traditionnel de ces trois couleurs pour apporter un peu plus de sophistication: sur une base bleue, un espace noir et blanc a été « dessiné » pour accueillir un coin salle à manger orné d'une photo de Thierry Legouès. Un canapé vert est venu ponctuer d'une touche de gaîté cet accord chromatique sobre et neutre.

**CI-DESSUS** La couleur peut être simplement utilisée en lé pour réveiller le blanc. Ici, un aplat d'un jaune orangé donne une structure visuelle à l'escalier et trouve un écho dans un petit bouquet de fleurs (architecte Zo2 Studios à Lausanne).

## Couleur, style et émotion

**CI-DESSUS** La couleur permet de réveiller de vieux meubles, ici une chaise et une table de récupération. Le plateau de la table a été repeint en rouge bordeaux.

C'est toujours la même histoire. Lorsqu'on commence à parler couleurs, les clients freinent des quatre fers. Ils ont peur de se tromper et véhiculent certains *a priori* négatifs. Une grande partie de mon travail consiste à pousser chacun d'entre eux à vaincre des peurs que je trouve étranges. Plus j'avance dans ce métier et plus j'en apprends sur l'histoire des couleurs. J'essaie de transmettre ces connaissances acquises peu à peu aux personnes qui font appel à moi. Comme si je devais leur donner des remèdes qui leur permettraient d'éviter à tout prix le blanc.

**Aujourd'hui, je sais par exemple que la couleur appuie un style.** Elle peut sublimer le mobilier Louis XV, trop triste à mon goût dans un décor « blanc sur blanc ». Les couleurs évoquent pour moi des époques et même des personnages qui ont marqué l'histoire. Si le beige, le marron, l'ivoire sont les couleurs de l'Art déco, l'orange rappelle les années 1970. Plus loin dans le passé, le rouge vermillon fut la couleur favorite de la Rome antique. On parle aussi du bleu de Marie-Antoinette, du gris Trianon. Mais, de manière plus subliminale, certaines couleurs font référence à des lieux: le safran et le marron pour l'Afrique du Nord, le rose et le turquoise pour l'Inde, le rouge et le noir pour la Chine…

**Tout le monde ne pourrait pas vivre dans un appartement** confronté nuit et jour à des accords sensuels de rouge, rose et fuchsia. Il s'agit pour chacun d'entre nous de prendre conscience de sa propre sensibilité chromatique. Les repères temporels et stylistiques peuvent être un outil, mais notre choix reposera surtout sur notre propre goût. Je ne saurais trop inviter le décorateur en herbe à réfléchir au style qu'il veut créer chez lui. Quels types de couleurs correspondent au style que j'ai choisi ?

**La question de l'émotion se pose lorsqu'on parle de couleur.** Quelles sont celles, et c'est le cas de le dire, que l'on ne peut vraiment pas voir en peinture? Quelles sont celles, au contraire, dont on ne saurait se passer? Nous sommes tous affectés différemment par le spectre des couleurs. Soyez-en sûr, choisir une couleur est un voyage passionnant si on le fait dans de bonnes conditions. La première classe en la matière consiste à éviter de subir la tendance. Laissez-vous plutôt bercer par des histoires et des symboles.

### DONNER DU CARACTÈRE

Les couleurs lumineuses donneront du relief à un mur entier ou à des éléments choisis minutieusement. Si un espace vous semble un peu anodin dans son architecture, utilisez quelques couleurs vives différentes sur chaque mur, un peu à la manière d'un tableau de Mondrian, qui lui donneront assurément la consistance qui lui manquait.

**PAGE DE DROITE** La couleur donne de l'originalité à un espace et peut se matérialiser sous la forme d'un tableau, comme ici au Mas de So, derrière un lit. Un simple oreiller reprend l'orange du tableau et réveille à lui tout seul les draps blancs.

## Ma palette de couleurs

Nous avons tous une histoire avec certaines couleurs. Voici celles qui marquent le plus mon travail:

**Le rouge et moi.** Piment, pourpre, terre de feu, Ferrari, carotte, safran, pompiers, basque, italien, Pompadour… Il existe une infinité de rouges. Ils incarnent tout et son contraire: de la prostitution aux théâtres officiels, des boudoirs confinés à la robe des cardinaux. Le rouge est réellement universel, toujours fort, envoûtant.

Si le blanc est utilisé couramment dans les galeries et les lieux d'art en général, j'ai opté pour un rouge vif dans une galerie que j'ai aménagée à Barcelone. Le rouge évoque ici l'art contemporain chinois, omniprésent dans le lieu, et rappelle aussi le tempérament excessif des Catalans. Le rouge est la couleur de l'art selon moi, car c'est celle du désir et de la vie, celle qui excite le taureau et nous excite, nous, êtres humains. C'est aussi celle du feu et du sang, du glamour.

**Sur le plan émotionnel, il agit comme un stimulateur.** Il faut savoir l'utiliser à bon escient. Tout dépend de ce que l'on veut faire d'une pièce. On peut peindre une salle de bains en rouge, et même une cuisine car, selon la croyance, cette couleur ouvre l'appétit. Souvent associée au sexe facile, elle n'est pourtant pas une couleur vulgaire. Mariée avec un peu de violet, une couleur particulièrement reposante et propice à la méditation, elle devient plus douce et peut être ainsi appliquée sur les murs d'une chambre.

**CI-DESSOUS** Les nuances du rouge sont nombreuses et la matière les exprime très bien. Cette palette mélange la laque orangée, le cuir rouge tomate et le bois rouge terracotta. L'ensemble est atténué par l'utilisation du zinc, de la lave noire et du bois brûlé (matériaux Annie Pate).

**PAGE DE DROITE** Dans cette réception d'hôtel, le rouge est utilisé sur différentes matières comme la laque, le Plexiglas et le satin des rideaux. Il se combine parfaitement avec le gris qui apporte de la structure à l'ensemble. Le gris joue la continuité entre le sol, le mur et le plafond, afin de créer un ensemble cohérent.

**Le noir et moi.** Sophistiquée, dramatique, c'est la couleur du chic absolu. Elle est intemporelle. Pour moi, elle évoque l'élégance, la sobriété, le raffinement extrême d'un smoking Yves Saint Laurent. Elle donne une densité à un lieu, de la profondeur, comme une veste bien coupée qui pourrait habiller n'importe quelle silhouette.
En revanche, on ne saurait créer de « total look » noir en décoration, parce que cela écraserait toutes les formes, l'inverse de l'effet escompté. On doit « casser » son côté oppressant, avec du beige par exemple, pour créer des reliefs et jouer avec la lumière. Le noir et blanc est un accord très populaire et indémodable que j'aime retrouver dans mes intérieurs.

**CI-CONTRE** Le noir ne peut pas vivre et exister seul, c'est son inconvénient. C'est pourquoi il doit être combiné : le blanc, le gris et le beige sont des valeurs sûres pour apporter une note classique et le mettre en relief. Ici, une palette de tissus mêlant le velours, le satin et la laine (tissus Dedar).

**CI-DESSUS** Le vase blanc fait ressortir le vase noir et réciproquement. Ces deux couleurs se complètent et se renforcent mutuellement.

**PAGE DE DROITE** Bel exemple du pouvoir graphique du noir et du blanc pour cet espace salon (Modénature). Le fauteuil se détache sur le mur blanc, le pied de lampe couleur ébène se dresse de manière sculpturale, les accessoires s'opposent et se répondent.

**Le beige et moi.** C'est une couleur claire, naturelle, qui fait vite « habillé » sur une silhouette et conserve de son élégance dans un intérieur. L'accord beige et noir est plus sophistiqué, plus chaud, mais moins graphique, moins éclatant que le noir et blanc. Les dérivés du beige, comme le grège, conviennent dans les environnements cossus. Sur un mur, c'est la nuance idéale à adopter si votre maison inclut des éléments en pierre naturelle.
Le grège est un ton « de terre », qui renvoie à la nature, évoquant la pierre ou le sable, entre autres. Il est donc rassurant. Chez moi, je l'ai utilisé pour sa chaleur, pour donner ce fameux « côté naturel » qui manque parfois dans un intérieur flambant neuf, et créer des espaces plus feutrés. Le mastic également apporte beaucoup de « naturel » dans un décor et peut contrebalancer l'austérité du noir, tout en restant sophistiqué.

**PAGE DE GAUCHE** Cette salle à manger parisienne mélange des matières naturelles (voir palette ci-contre) et des matières plus sophistiquées comme la laque, le verre, le miroir, le velours. Des coupelles en ardoise polie rythment le plateau surdimensionné de cette table de salle à manger réalisée sur mesure.

**CI-CONTRE** Le beige offre une multitude de déclinaisons et de nuances (beurre, ficelle, coquille, avoine, camel, café-au-lait, etc.). Ici, une composition de matières naturelles et sophistiquées qui évoquent le décor de gauche : pétale en porcelaine, travertin et marbre, parchemin, ardoise noire layée, patine murale bronze et bois.

**Le gris et moi.** Le gris est un ton neutre qui fait partie selon moi des « non-couleurs », comme le blanc et le noir. Une nuance foncée comme le gris anthracite « assoit » un décor en donnant au lieu plus de « masse ». Le gris laisse l'esprit vagabonder, jamais ne le distrait. C'est d'ailleurs une couleur assez monacale. Très appréciée dans les années 1990, elle l'est encore aujourd'hui, et a pris entre-temps une connotation plus industrielle, avec le retour du mobilier Tolix et l'intérêt croissant du grand public vis-à-vis de l'architecture. Certains gris tirent plus vers le noir, comme le gris anthracite, encore, qui est presque aussi chic que le noir. Il en est sans doute une alternative plus douce.

**CI-CONTRE** Composition délicate et reposante pour cet espace de détente et de lecture (Modénature). Les variations de gris mélangées à du beige, du noir et du marron offrent un environnement intime et confortable. Les trois petites tables d'appoint apportent de l'originalité à l'ensemble et le paravent laqué donne un sentiment de protection.

**PAGE DE DROITE** Les gris foncés sont une base idéale pour créer un intérieur urbain, chic et masculin. La richesse des variations de gris permet d'habiller entièrement mais avec subtilité une pièce, comme ici les murs, le canapé, les tables, les fauteuils et le sol (mobilier galerie Lys). Quelques taches de couleurs suffisent pour relever l'ensemble (tableaux, accessoires...).

Les gris deviennent de plus en plus neutres à mesure qu'ils s'assombrissent.

**Le blanc et moi.** C'est la couleur du minimalisme, vénérée par les amateurs de design. Mais il est trop froid, trop impersonnel à mon goût. C'est une non-couleur, qui n'engage pas. Elle ne vieillit pas bien et ne met pas les lieux en valeur. Ceux-ci semblent nus. En décoration, c'est la couleur du non-risque, du non-choix. Chez moi, il n'y a presque pas de blanc. Ailleurs, quand je m'en sers, c'est pour contrebalancer une teinte plus forte, le noir ou le rouge par exemple. Mais il est vrai que tout dépend du contexte géographique. Si j'avais à décorer une maison à Miami par exemple, peut-être que je la peindrais entièrement en blanc. Mais je trouve que cette couleur ne convient pas aux intérieurs de Paris, où il ne fait pas beau toute l'année. Ici, elle n'incarne rien.

**L'or, le bronze et moi.** Ce sont les couleurs parfaites pour réchauffer une ambiance, appuyer les gris, les noirs et toutes les teintes foncées. Elles peuvent également faire passer les rouges dans une autre dimension, en leur donnant une touche historique. Les dorés et les bronzes prennent naturellement la lumière, d'où qu'elle vienne, et offrent deux ambiances, une de jour et une de nuit avec la lumière artificielle. C'est pourquoi j'aime les placer sur un pilier, l'encadrement d'une fenêtre ou encore à l'intérieur d'un abat-jour. Évidemment, on pense alors à la feuille d'or et à son prix, mais de nouvelles gammes de peinture synthétique, notamment chez AC Matière, permettent d'apporter du raffinement sans atteindre des coûts prohibitifs. Avec cet or doux, éteint, je mets en valeur un objet, un plafond, un fond de niche mais toujours par petites touches. Sinon on tombe dans l'ostentatoire, le clinquant, on est à des lieues des tableaux de Klimt qui m'inspirent.

**CI-CONTRE** Ici, une palette de matières dans les tons blanc cassé, noir et une variation de beiges et de cuivre. Le beige mélangé au noir apporte le classicisme, du confort, et le blanc réveille l'ensemble. Un ton sur ton traité dans des nuances mates et brillantes introduit une touche de sophistication.

**CI-DESSUS** Il est toujours intéressant de lier les différentes couleurs d'un décor par les accessoires, car cela donne de l'unité à un ensemble. Ici, un vase décoratif reprend le marron du bois et le doré des murs.

**PAGE DE DROITE** Composition très caravagesque pour cette salle de bains. Le noir de lune est réveillé par un miroir doré qui agit comme un électrochoc et à lui seul donne du tempérament à l'espace. Une vasque en pierre comme une sculpture trône de façon magistrale.

**Le bleu et moi.** Même si je les utilise moins, j'aime les bleus, mais les bleus francs, intenses, les indigo et les turquoise à l'image de celui que la décoratrice de renommée internationale Madeleine Castaing a créé, tout à l'opposé d'un bleu ciel, délavé, pastel. J'aime jouer avec son côté historique (n'est-il pas la couleur du divin depuis Zeus et l'Antiquité ?) comme à l'hôtel Vendôme en habillant de bleu les rideaux ou en l'associant à un miroir baroque. Même si le bleu reste une couleur froide, calme et particulièrement bien adaptée aux chambres, on peut l'envisager dans un salon à condition de le réchauffer avec des matières douces ou en le mariant avec des noirs et des blancs cassés pour faire ressortir sa douceur.

**CI-DESSUS** Cette palette exprime à merveille le style et l'esprit de la chambre à coucher ci-contre.

**CI-CONTRE** L'une des chambres à coucher de la maison d'hôtes La Villa Arguibel (décoration Mariannick et François Blasselle) joue d'un bleu éclatant et de quelques touches de noir qui permettent d'asseoir le décor. Au fond, on devine un guéridon en laque d'India Mahdavi et un lit douillet.

**PAGE DE DROITE** Ici, un couloir noir rehaussé par un jeu de rayures colorées, le noir est prolongé en touches. La couleur foncée laisse jaillir le bleu de la chambre. Décoration Mariannick et François Blasselle.

**Les bruns et moi.** Les bruns sont pour moi une valeur sûre. Entre roux et noir, le brun est une couleur profonde, chaleureuse et sophistiquée, que j'utilise spécialement dans les grands volumes qui manquent parfois de chaleur. Il faut savoir que le brun possède de nombreuses nuances: caramel, terre de Sienne, ocre, brun-rouge, chocolat...
Pour une ambiance sophistiquée et reposante, j'aime l'associer au beige, au crème, au sable, à l'acajou, aux nuances d'ivoire mais aussi aux bleus pâles. En revanche, pour une ambiance rétro, je préfère le marier à un jaune plutôt qu'à un orange que je trouve moins élégant.
**Comme les gris et les noirs,** les bruns me semblent parfaits pour ajouter de la stabilité et donner de l'équilibre dans une pièce tout en renforçant la personnalité d'un décor. Attention toutefois, à prévoir un éclairage dirigé sur le mur afin de le rendre moins terne et de bien le mettre en valeur. C'est une couleur qui gagne en intensité en étant mise en lumière. Les harmonies de brun conviennent aussi bien au séjour, à la cuisine qu'à la chambre pourvu que ces pièces soient bien éclairées. Cependant, je les conseille essentiellement dans les pièces à vivre et elles constituent définitivement un arrière-plan idéal, suggérant des ambiances très enveloppantes.

**CI-CONTRE** Ambiance masculine pour cette planche de matériaux : bois rouge martelé, cuir, daim, velours et noyer.

**PAGE DE DROITE** Grand ensemble de placards en bois brésilien (sucupira) rythmé par une niche et un jeu de tiroirs. Bureau et chaise First Time, lampe Viabizzuno.

## MAT, SATINÉ OU BRILLANT ?

La peinture mate a un pouvoir couvrant qui masque les défauts tout en offrant beaucoup de profondeur. Mais elle s'avère très fragile et rarement lessivable. Il faut donc l'éviter dans les espaces de circulation et la réserver aux chambres et aux plafonds. La peinture satinée, elle, est lessivable, possède un aspect velouté, mais le mur doit être parfaitement réparé. C'est encore plus vrai pour les peintures brillantes, que l'on peut appliquer sur les plinthes, les portes ou les huisseries, des endroits très salissants. Quant à la peinture laquée, extrêmement résistante, elle renvoie la lumière. On l'utilisera dans les salles d'eau et les cuisines.

# ROSITA MISSONI: UNE SPÉCIALISTE DE LA COULEUR

**CI-DESSUS** Bar du restaurant de l'hôtel Missoni à Édimbourg. Un bleu fort met en valeur l'arrondi du mur.

**CI-CONTRE À GAUCHE** Vase en mosaïque, détail du lobby de l'hôtel Missoni Home.

**CI-CONTRE À DROITE** Un canapé Intill recouvert d'un tissu réversible – blanc et noir – Jamey à pois occupe l'espace accueil.

## De la mode à la déco, il n'y a qu'un pas...

Avec ses tricots et ses mailles en tout genre, ses motifs graphiques précurseurs et son look doucement hippie, on ne présente plus Missoni, griffe de prêt-à-porter que Rosita Missoni a créée avec son mari Octavio à la fin des années 1960. À présent reconvertie dans la déco, cette grande dame de la mode a inauguré la ligne de tissus et de mobilier Missoni Home il y a une dizaine d'années. Elle vient aussi de signer l'aménagement intérieur très « colorful » des deux premiers hôtels Missoni, d'abord à Édinbourg, puis au Koweït.

« La couleur est le reflet de nos émotions, de nos sentiments aussi, assure Rosita. Dans l'art, et notamment dans l'architecture, elle permet de souligner certaines situations: la couleur fait partie de nos vies. Et de Missoni aussi puisque notre style repose sur trois éléments fondamentaux: la couleur, la maille et le jeu des différentes textures. »

**Le noir et blanc**

« Le noir et blanc est l'une de mes combinaisons favorites : elle se marie bien avec à peu près toutes les teintes. Pour moi c'est un must, y compris dans ma garde-robe. »

**Les bleu-vert (du turquoise à l'indigo)**

« À l'image de l'eau et du ciel, ils inspirent sérénité, calme et tranquillité. Dans ma maison d'été, en Sardaigne, il y a d'ailleurs un jardin bleu autour d'une piscine qui regarde la mer. Si je dis "jardin bleu", c'est parce que les plantes y sont essentiellement bleues ou violettes: vipérine de Madère, lavandes de couleurs différentes, plumbago, romarin, verveine… »

**Les rouges et les orange**

« Le rouge coquelicot, l'orange d'un coucher de soleil… Cette famille de couleurs incarne passion, dynamisme et générosité. Ces deux couleurs sont partout dans une autre de mes maisons, celle de Sumirago, dans le nord de l'Italie, où j'ai installé moi-même, avec mon mari, les usines Missoni il y a de cela très longtemps… À Sumirago, le rouge et l'orange habillent notamment les tapis, les plaids posés sur des sofas noir et blanc et ma collection de céramiques réalisées par Susie Cooper. »

**Les jaunes**

« Tout ce que j'ai à dire sur les jaunes, c'est qu'ils apportent de la lumière… »

**Les violets (de l'aubergine au pervenche)**

« Que ce soit chez Missoni ou Missoni Home, il sont très importants dans notre palette de couleurs. Ils donnent de la sophistication aux choses et sont une base excellente pour d'autres couleurs, un peu comme le noir et blanc… »

**Les roses**

« Ce sont des tons curieux, à la fois tendres et romantiques, comme dans un poème de Ronsard. Mais le rose peut être plus vif, voire provocant, à l'instar du "rose shocking" d'Elsa Schiaparelli. Néanmoins, ils sont tous synonymes de grâce. »

**Les marron**

« Les tons de terre, auxquels on peut associer les beiges, sont élégants, rassurants et cosmopolites. Mais pour moi, ils demandent toujours l'ajout d'une couleur supplémentaire plus flashy, afin d'être égayés un peu. Pour notre maison de Venise, Tai (Octavio) a dessiné deux tapis en "trompe-l'œil". Ils représentent des mosaïques de la région. Deux patchworks marron, rouille, ocre… Il les a associés à un bleu intense, lapis-lazuli pour être précise. En réfléchissant toute la lumière qui entre dans la maison, les murs jaunes autour ont permis de trouver un équilibre intéressant et agréable. »

**CI-DESSUS** Canapé Gravita recouvert du tissu en soie rebrodée Mekora. Coussin en velours rayé Misore, en velours à damiers Maseko. Pouf cylindre recouvert de tissu Maseko. Rideaux en voilage pixel Mocalla. Le tout Missoni.

# LA LUMIÈRE, UN ENJEU CRUCIAL

**CI-DESSOUS À GAUCHE** Abat-jour cuivré, lampadaire Lirio et applique en verre noir Lirio. La poutre en bois est mise en valeur par un spot caché.
**AU CENTRE** Applique en métal et pampilles en cristal de Bohême.
**À DROITE** Le papier peint noir à finition mate et brillante est mis en valeur par deux appliques en verre rouge. Un cube lumineux est posé sur un podium, à la manière d'une sculpture.

**PAGE DE DROITE** Lumière intime et conviviale pour cette salle à manger contemporaine. Luminaires Catellani & Smith avec effet de matière dorée, table en marbre noir Knoll, chaises en cuir noir capitonné Philippe Starck, vaisselle Hermès.

La lumière m'aide à mettre en valeur certains projets et, parfois, participe à leur création dès les premiers croquis. Un bon éclairage permet en effet de tirer parti d'un lieu. À l'inverse, le plus beau des décors peut être gâché par une lumière non appropriée. D'où l'intérêt de s'intéresser à la mise en lumière de son projet. Il faut commencer par prendre conscience qu'il existe deux sortes de lumières qui rythment nos vies: la lumière naturelle (ou lumière du jour) et la lumière artificielle (apportée par les différentes lampes et autres sources lumineuses à l'intérieur de la maison). Selon moi, les deux agissent chez nous comme des sources d'énergie, exactement comme la nourriture est une source d'énergie pour notre corps. Cet aliment nous accompagne dans nos activités quotidiennes et donne une personnalité à notre intérieur. Si elle est correctement maîtrisée, la lumière artificielle permet de corriger certains défauts et de mettre en valeur la belle architecture d'un lieu. Il est donc important de connaître ses effets. Un éclairage peut être aussi stimulant que reposant par exemple, si l'on sait le manier. La lumière naturelle quant à elle reste surtout un matériau réservé aux architectes professionnels capables de créer des ouvertures pour l'apprivoiser.

## LA LUMIÈRE DOIT-ELLE VENIR DU HAUT ?

Un plafonnier éclaire, mais il ne fait souvent que cela! Un éclairage venant du plafond risque même de tasser la pièce alors qu'en démultipliant les sources lumineuses, on crée des volumes, on donne de l'espace et on peut mettre en valeur les éléments de décoration. Préférez des abat-jour dans les tons beiges ou cuivrés pour créer une lumière chaleureuse.

# Connaître la lumière artificielle

**DOUBLE PAGE PRÉCÉDENTE À GAUCHE** Décor feutré pour cette péniche parisienne. Un bandeau de lumière fait ressortir le cuivre martelé du soubassement. Chaise Mobitec, console sur mesure en wengé, mur et plafond tapissés de papier peint en alcantara (collection Antelope, Arte International).
**DOUBLE PAGE PRÉCÉDENTE À DROITE** La lumière jaillit, douce et élégante, de derrière la banquette et met en valeur l'effet de matière des murs (restaurant Dalloyau).

**Elle est primordiale et vous accompagne jour et nuit** dans vos activités quotidiennes. Lire, cuisiner, travailler, regarder la télévision, se réunir, dîner...: dans l'idéal, chacune de ces activités devrait bénéficier d'un éclairage spécifique. Un plafonnier, des appliques murales et des lampes sur pied constituent un matériel de base qui vous permettra de réaliser une mise en lumière personnalisée. Évidemment, l'éclairage sera plus fort dans la cuisine et plus faible dans le coin télé, par exemple. Partout, je vous conseille de multiplier et varier les sources de lumière faible. Je les préfère chaudes, dorées, ce que l'on peut réaliser avec des abat-jour (voir encadré p. 144).
Idéalement, sur un chantier, j'organise le plan électrique en fonction des besoins de lumière. Je place des spots directionnels à 20 centimètres des murs afin que la lumière vienne lécher la paroi, créer des ombres. J'installe également des variateurs pour jouer selon les heures et les envies et mettre en scène un décor, ses matières comme les textiles, les rideaux ou les coussins, faire ressortir les divers éléments architecturaux et rendre un espace vibrant. Je place également les sources à plusieurs hauteurs. Au plafond pour une visibilité globale, à hauteur d'homme et une autre plus rasante suivant ce que l'on veut mettre en valeur dans son intérieur. Il ne faut surtout pas oublier de faire ressortir les niches telles les bibliothèques ou les tableaux en faisant descendre la lumière dessus pour leur donner du relief, les dessiner. Enfin, parce que j'aime la symétrie, je conseille toujours d'opter pour un lustre rond au-dessus d'une table circulaire et un lustre carré pour surplomber une table rectangulaire.

## CRÉER L'ILLUSION

Grâce à la lumière, on peut faire disparaître des choses comme par magie. Débarrassez-vous par exemple d'un poteau en éclairant le plafond au-dessus pour donner l'impression que tout ce qui est dessous se trouve dans la pénombre. La lumière peut devenir un outil pour exprimer votre créativité. Essayez par exemple de créer un halo de lumière sous un lit à l'aide d'un néon. Vous serez surpris du résultat: magique.

**CI-CONTRE** Une lampe comme une sculpture.

**PAGE DE DROITE** Le lustre en cristal de Murano se reflète dans le miroir, le capiton du bar devient éclatant grâce à un bandeau de lumière.

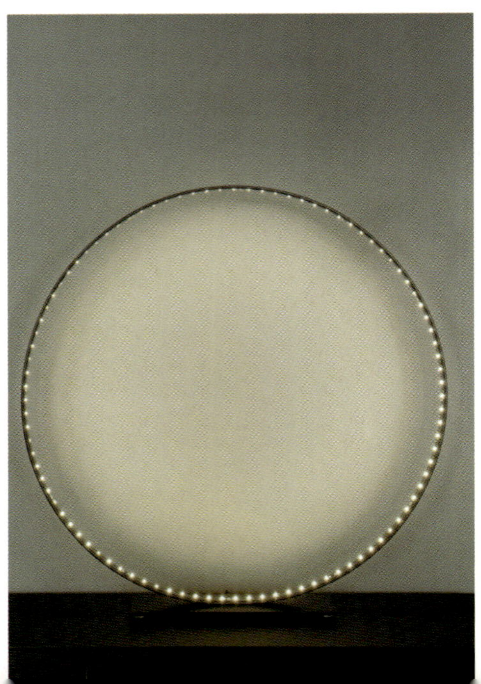

## LA LUMIÈRE CRÉE L'AMBIANCE…

Il est primordial de prévoir plusieurs intensités lumineuses. L'astuce est de disposer dans une même pièce différentes lampes sur pied, que vous aurez le choix d'allumer en même temps, ou pas. J'aime les abat-jour beiges, cuivrés et dorés qui diffusent une lumière très chaleureuse.

## … ET VALORISE LA MATIÈRE

Pour mettre en valeur la matière, vous pouvez compter sur la lumière. Que ce soit la trame d'un tissu, les nuances du bois, le grain d'une pierre, je suis intransigeant sur leur éclairage car, pour moi, c'est la lumière qui donne de la vie, de la texture, du relief et de la profondeur à la matière.

**CI-DESSUS À GAUCHE** Grâce à ces appliques sur bras, les piliers se transforment en luminaires surdimensionnés.
**CI-DESSUS À DROITE** Abat-jour crème en tissu au-dessus de la table et lampes sur pied posées sur deux cabinets en bois wengé.
**CI-CONTRE** Lampe de chevet en soie foncée.
**PAGE DE DROITE** Ces bougies électriques en cire naturelle de Kevin Reilly (Annie Pate) créent un esprit feutré et élégant.
**DOUBLE PAGE SUIVANTE À GAUCHE** Douche avec ciel de pluie lumineux Viabizzuno.
**À DROITE** Luminaire sur pied en forme de croix (galerie Lys).

# MATTEO MESSERVY: UN SPÉCIALISTE DE LA LUMIÈRE

La lumière est un métier. Il en existe même plusieurs: de l'architecte à l'éclairagiste et au lighting designer, sans parler des artistes tels que Yann Kersalé qui a illuminé le jardin du musée du Quai Branly à Paris. Lorsque j'ai songé à interroger un spécialiste de la lumière pour lui soutirer quelques conseils en vue de vous en faire profiter, je n'avais donc que l'embarras du choix. C'est finalement vers mon ami Matteo Messervy, « plasticien de la lumière », que mon intuition m'a guidé. À la fois artiste, technicien et « conteur d'histoires » comme il se qualifie, il a accepté de nous livrer quelques recettes pour éclairer en beauté des intérieurs de natures différentes.

**Mise en lumière**

Matteo Messervy est un grand spécialiste de la lumière, sollicité par les plus prestigieux architectes et les stars du design: Zaha Hadid, Ron Arad ou l'architecte américain Daniel Libeskind, auteur de la future « Freedom Tower » qui sera construite sur les cendres du World Trade Center à New York. Ces grands noms font appel à lui car ils ont compris qu'un éclairage réellement adapté ne pouvait tolérer de hasard. De manière libre et indépendante, ce spécialiste de la lumière intervient une fois la forme de la bâtisse déterminée, à l'intérieur comme à l'extérieur.

«Une bibliothèque est un objet de lumière idéal que l'on peut éclaire de haut en bas, à l'aide de lampes placées discrètement en hauteur et orientées vers le sol. L'effet est garanti dans un salon ou tout autre lieu de détente.»

Comment les visiteurs vont-ils circuler à l'intérieur et à l'extérieur du bâtiment? Comment les accompagner en fonction de la nature de leur besoin sans qu'ils s'en aperçoivent ? Comment leur expliquer, par exemple, la marche à suivre pour aller d'un point à un autre sans éveiller les soupçons ? Parce que, selon ce tempérament altruiste, qui aime la philosophie, « l'être humain a tendance à économiser sa gestuelle », lorsqu'il s'agit de grands projets, notamment publics, le travail de Matteo Messervy consiste à apporter du confort et peut-être aussi une dimension ludique. Sur les chantiers privés, la démarche est différente. Il s'agit de mettre en valeur les lieux, de créer des atmosphères, de rendre la vie quotidienne plus confortable, de mettre à l'aise ses invités... Et parfois, même, de les rendre plus beaux !
Matteo Messervy est intervenu récemment comme consultant sur des projets d'extension de l'aéroport de Paris- Charles-de-Gaulle, au nord de la capitale. Il a signé également la mise en lumière des événements spéciaux organisés au Centre Pompidou et celle de la loge VIP aménagée par Andrée Putman au Stade de France. En ce moment, il planche sur un projet titanesque en Chine avec Daniel Libeskind. En 2008, le Centre du luxe et de la création lui a attribué le prix «Talent du bien-être».
Parce que selon lui, «l'être humain est fainéant dans sa gestuelle», lors des grands projets, publics notamment, le travail de Matteo Messervy consiste à apporter du confort et une dimension ludique. Sur les chantiers privés, il s'agit davantage de mettre en valeur les lieux, de créer des « atmosphères » et même, de rendre les gens plus beaux!

**Jeux de lumière**

«Inconsciemment, la lumière a quelque chose de divin. Comme la lumière naturelle, la lumière artificielle doit nous permettre de voir, mais rester invisible. Un résultat qui n'est pas si évident à obtenir mais qui n'est pas, non plus, inaccessible. Il suffit de connaître quelques principes et de se donner le temps, de considérer l'exercice comme un jeu… Chez les particuliers, la lumière permet de faire vivre un espace, de le faire respirer. Lorsque l'on découvre un lieu, il ne faut pas tout voir d'un seul coup. Des choses doivent être bien éclairées et sauter aux yeux ; d'autres se découvrir peu à peu. Tout dépend du contexte. En général, on commence par éclairer les murs avec une lumière "rasante", c'est-à-dire qui frôle la surface, de couleur blanche de préférence. Ensuite, on joue avec ce que j'appelle "les objets de lumière" : les lampes ou tout objet éclairé, des œuvres d'art au mobilier. Plus on va vers le centre de la pièce, plus l'éclairage doit être doré. Un principe qui vous permettra de donner plus de chaleur à votre intérieur. Voici des conseils spécifiques adaptés à différentes problématiques. À vous de jouer » :

**Donnez de la hauteur**

« Pour donner de la hauteur à un appartement bas de plafond, il est possible de tricher en créant ce que j'appelle "une ligne d'horizon" grâce à lumière. Celle-ci va fausser les échelles et les perspectives. Pour obtenir ce trompe-l'œil, il suffit de multiplier les objets de lumière au ras du sol, en s'arrêtant à mi-hauteur du mur. »

**Adoucissez l'atmosphère**

Afin de plonger un espace dans « une atmosphère de repos », on peut atténuer sa lumière. Pour ce faire, on utilise des suspensions lumineuses ou des objets lumineux de son choix. Les ampoules doivent être de couleur plutôt chaudes, dorées par exemple, et/ou tamisées. Dans une chambre, on peut donc choisir un éclairage aux tons dorés ou ambrés afin de créer un maximum de chaleur et un sentiment de confort. Dans les petits espaces, les lustres ne sont pas recommandés. Par contre, il est important d'avoir des veilleuses, qui sont des sources de lumière indépendantes et fonctionnelles.

**Faites de votre salon un lieu de vie**

« Il peut être intéressant de créer différentes hauteurs de lumière, en posant par exemple des objets lumineux à bas niveau et quelques sources lumineuses au plafond. Par ailleurs, on peut dissimuler une lumière fluorescente ou un rail de LEDs. Pensez aux cheminés et aux bougies qui apportent de la vie grâce aux mouvements et aux ombres créés par le feu, surtout si celui-ci se trouve au centre de la pièce. Il faut savoir également que, près des fauteuils et des canapés, l'éclairage doit vraiment rester très bas, ce qui évite de se retrouver face à une lumière aveuglante. »

« La nuit tombée, les fenêtres peuvent devenir des miroirs angoissants. Pour remédier à cet effet nuisible, essayez, dans la mesure du possible, d'illuminer ce qui se trouve derrière ou, au minimum, placez une source de lumière entre le rideau et la fenêtre en question. »

**Dans la salle de bains, ménagez-vous**

« Lorsqu'on se réveille, la salle de bains est la pièce vers laquelle on se dirige en premier. Un endroit crucial pour l'être et le rapport qu'il entretient avec lui-même. Deux types de lumière doivent y cohabiter. La première est une lumière forte, disposée près du lavabo et à proximité du miroir. Celle-ci a pour but de faciliter le rasage ou le maquillage. Mais, attention, il est important de disposer également d'éclairages plus faibles qui permettront de se détendre profondément au cours d'un bain ou sous la douche. »

**Embellissez vos hôtes**

« Quand on commence à réfléchir à la manière dont les visages sont éclairés dans un lieu, on parle alors de "lumière cosmétique". Au cours d'un dîner, je recommande un éclairage doré ou abricoté, des nuances qui rendent la peau… couleur abricot, justement. Une simple lampe posée sur une table basse à côté du canapé, ou à proximité de la table au moment du dîner et le tour est joué. »

**Travaillez efficacement et dans la bonne humeur**

« Dans les intérieurs dédiés à la détente, un faible éclairage suffit, contrairement à ceux qui accueillent d'autres activités. Commencez par définir précisément la fonction de l'espace à éclairer. S'il s'agit d'un coin lecture, il suffit d'installer une lampe de bureau plus forte que les autres lumières environnantes. (Lorsqu'on lit un document sur un écran d'ordinateur, ce n'est pas la peine.) Dans un bureau, installez une lumière derrière vous pour le confort des yeux et ouvrez les perspectives grâce à des lumières « rasantes » sur les murs. Si vous recevez dans ce lieu lors de rendez-vous, vous devez être éclairé plus fortement que vos hôtes, car c'est vous le maître des lieux. »

**Écoutez votre organisme**

« Si vous êtes en phase d'activité, augmentez l'intensité de votre éclairage après le déjeuner. Vers 17 heures, donnez-lui une petite "acidité" supplémentaire à l'aide d'un filtre bleuté, pour combattre les apathies et le moral qui chute généralement à cette heure de la journée. La luminothérapie, ou le traitement des troubles de l'humeur par la lumière, peut aussi se pratiquer seul à l'aide d'un équipement spécialement réservé à cet usage. »

**Lumière et culture par Matteo Messervy**

« L'éclairage varie en fonction des lieux et des cultures. Les hôpitaux sont un bon exemple. En France, on a choisi depuis toujours une lumière dorée sur les façades extérieures de ces bâtiments, et blanche à l'intérieur, ce qui apporte aux Français un sentiment de sécurité. À l'inverse, dans les pays scandinaves et d'Europe du Nord, on a pensé qu'un éclairage doré à l'intérieur ferait oublier aux patients le côté austère de ces lieux. Je pense que la deuxième solution est plus subtile. »

# METTRE EN SCÈNE
# SON INTÉRIEUR

Mon plus grand plaisir est de considérer un espace comme une scène de théâtre où évolueront les gens qui passeront dans ce lieu et où ils ressentiront des émotions. Il est donc pour moi essentiel de transcender l'espace afin qu'il soit étonnant sans être choquant. Pour cela, il est indispensable de s'autoriser de la fantaisie, de l'humour, voire une certaine exubérance afin de créer plus qu'un simple décor, une atmosphère marquante. L'élément qui contribue parfaitement à cela est la « pièce maîtresse » d'un décor. C'est l'élément décoratif qui va tenir le rôle de vedette en attirant le regard plus que les autres. Peu importe la nature de cette pièce maîtresse, qui peut être une sculpture originale, un tableau artistique, un meuble peu conventionnel, un luminaire surdimensionné, un objet disproportionné ou un fauteuil invraisemblable. L'important est qu'elle soit originale et casse les codes.

Posséder de beaux objets, de beaux tableaux ou de belles photos est certes important mais bien les disposer afin de les mettre en valeur est essentiel. Surtout veillez à ne pas surcharger votre intérieur et à organiser vos objets afin qu'ils rayonnent en harmonie. Je vous conseille de débarrasser et rassembler tous vos objets et accessoires déco pour ensuite recomposer votre décor en vous mettant dans la peau d'un metteur en scène ou d'un peintre devant sa toile. Posez-vous la question de savoir quels objets fonctionnent bien ensemble, quels sont ceux qui méritent d'être disposés au premier plan. Cherchez à créer des combinaisons et un ensemble équilibré, harmonieux, symétrique. Par expérience, je peux vous dire que ce n'est pas un exercice simple et vous risquez de vous y prendre à plusieurs reprises jusqu'à ce que votre œil soit entièrement satisfait. Mais c'est cet œil, votre œil que vous devez écouter !

# TOUJOURS OSER POUR AVANCER

Comme je n'ai de cesse de vous le répéter tout au long de cet ouvrage, il faut vaincre le conformisme et ses propres peurs pour façonner un intérieur unique et original.

## Vaincre le conformisme

Écoutez votre instinct créatif. N'écoutez pas les autres !

Pour vous donner un exemple concret, j'ai moi-même dû les affronter au moment de me lancer dans cette voie passionnante. Alors que je travaillais dans la publicité en tant que responsable de grandes marques américaines dans une importante agence parisienne, j'ai perdu mon emploi à la suite des attentats du 11 septembre 2001. Après une phase d'introspection, j'ai choisi de me lancer dans la décoration, de faire quelque chose de mes mains, même si la discipline n'était pas encore aussi en vogue qu'aujourd'hui. C'est lors d'une rencontre avec le collectionneur Bertrand Cheuvreux que se présenta ma première opportunité.

**Et le défi était immense:** aménager un espace désaffecté de 550 mètres carrés et son jardin de 200 mètres carrés sur la Calle Ample de Barcelone. Malgré l'ampleur de la tâche, les délais serrés (huit mois avant une inauguration en grande pompe jumelée à celle de la Casa Asia), mon manque de techniques de base, je me suis lancé à corps perdu dans le challenge. La peur, les tracas liés aux chantiers, ceux-là mêmes que vous risquez de rencontrer lors de votre projet, ont laissé place à la joie de voir les travaux avancer dans la direction souhaitée. Conclusion: c'est en prenant plaisir dans la découverte, en voyant son idée s'assembler au jour le jour que l'on transforme son appréhension en volonté de créer et d'avancer.

**CI-CONTRE** Vue de l'entrée de la galerie Loft Barcelona, ma première réalisation.

**PAGE DE DROITE** Le salon rouge de la galerie Loft Barcelona. La couleur rouge enveloppe les murs de la pièce jusqu'à recouvrir les fauteuils et le luminaire.

## ÉVITER LES PETITS OBJETS SEULS

Un soliflore isolé ne produira aucun effet. S'il y en a trois ou cinq, la série créera un rythme intéressant pour l'œil, un effet de répétition stimulant. Choisissez les objets de telle manière qu'ils aient une parenté de couleur, de style, de matière; leur rapprochement peut raconter une histoire.

**PAGE DE GAUCHE** Une certaine forme de sérénité se dégage de ce décor composé de mobilier en bois très clair, d'accessoires en céramique et de lampes surdimensionnées (Modénature).

**CI-DESSUS** Un miroir en émaux de verre donne de la profondeur à cette entrée haussmannienne et permet de l'agrandir. Statue en pierre, commode précieuse en nacre, lampe avec abat-jour plissé crème surélevé sur une colonne à la feuille d'or.

Les miroirs accentuent les effets de décomposition et ouvrent l'espace.

## La théâtralisation

La « théâtralisation » est une démarche subjective, liée à nos émotions. Comment crée-t-on une émotion dans un lieu? En lui attribuant une identité. Pour cela, il faudra mettre en scène votre mobilier et vos objets, de façon à créer un dialogue. Rassemblez des objets qui ont des choses en commun, ou au contraire rien à voir. Faites-les « vivre », racontez une histoire. Ils doivent se renvoyer la balle, comme des acteurs sur une scène de théâtre. Une colonne en noir et blanc, par exemple, renverra à un vase de Daniel Buren posé à proximité, les amateurs d'art comprendront. C'est un jeu de ping-pong qui apporte de la vie à l'espace, du peps. Le regard est interpellé. On y prend du plaisir. En fonction de ses goûts, on sera touché ou non. C'est le risque à prendre. Du moment où les choses ne sont pas là par hasard, on ne peut rien vous reprocher.

**La théâtralisation permet en outre de renforcer un style** en lui donnant du sens, mais aussi de la force. Elle donne un coup de projecteur sur les habitants du lieu en exprimant leur sensibilité et leur histoire. Il suffit de donner quelques indices sur la personnalité des gens: un clin d'œil au hobby de l'un, au goût de l'autre, à leurs professions, leurs origines… Amusez-vous à créer une intrigue, comme au théâtre. Pourquoi ces couleurs? Pourquoi ces objets? Vous allez susciter la curiosité. Tout cela équivaut en réalité à dégager quelque chose de vivant à partir de choses inanimées.

**CI-CONTRE ET PAGE DE DROITE** Un jeu de lumières colorées scénographie l'espace. Le lustre contemporain et le mobilier (Philippe Boulet) changent de couleur, passant ainsi du rose au bleu foncé et au bleu-vert. Une impression numérique (Alyos Design) représentant des portes et boiseries surdimensionnées crée une perte de repères volontaire.
Chaise imprimée (ateliers Philippe Coudray), photo Maurice Renoma.

# LA MISE EN SCÈNE

Fantasmez, osez, prenez des risques, jouez, soyez original ! Bousculez les codes. Injectez de l'humour, bref ne soyez pas conventionnel dans vos choix. L'important, ici, étant de créer un effet de surprise.

## Créer la surprise

Dans mes décors, j'utilise des éléments forts qui vont se faire remarquer, des pièces maîtresses sur lesquelles le regard se pose, comme le plafond de mon show-room. Dans ce volume de 6 mètres de hauteur, je voulais un lustre surdimensionné, mais mon plafond étant en pente, cela s'avéra difficile. J'ai également pensé à installer des miroirs afin de démultiplier l'espace, mais j'ai craint de me lasser. J'ai donc choisi de jouer avec un élément qui n'éblouirait pas forcément au premier abord mais qui attiserait la curiosité du visiteur et qui me surprendrait à travers le temps. J'ai opté pour la reproduction d'un détail de la fresque peinte par Andrea Pozzo, en 1685, sur la plafond voûté de l'église de Saint-Ignace-de-Loyola, à Rome. J'ai réalisé une impression numérique sur une toile tendue sans joints. Ainsi, dès que le regard se pose sur le plafond, il ne s'en décroche plus, scrutant ses moindre détails. J'ai pu de la sorte donner de la vie à cette pièce, une personnalité, la mienne.
En résumé, ce travail de scénographe consiste à donner au décor une nouvelle dimension ainsi qu'une force décorative et dramatique. Transformer un simple mur en collant un papier peint imprimé d'une fausse porte ou de fausses moulures, changer une console en luminaire, un lustre ou une chaise en œuvre d'art... Peu d'éléments suffisent à créer la surprise. Faites fonctionner votre imagination.

**CI-DESSOUS À GAUCHE** Tête en pierre peinte en rouge afin de donner à cet objet une dimension plus artistique.

**À DROITE** Vue du plafond de mon salon. Représentation de l'*Apothéose de saint Ignace de Loyola* (Rome). Impression sur toile Alyos Design.

**PAGE DE DROITE** Un effet théâtral a été donné à cet espace de réception par l'utilisation d'un mur tendu imprimé (*Allégorie de la Vanité et de la Pénitence,* de Guido Cagnacci, XVII^e siècle.

Peindre d'une couleur surprenante un objet anodin lui donnera une présence. C'est de l'art sans art.

## Le mélange des styles

Évidemment, il est plus facile d'envisager son intérieur en « total look », de reproduire une unité de couleurs ou de formes comme on le voit sur le papier glacé des magazines ou dans les showrooms. Certes, cela peut sembler plus simple et plus sécurisant de s'offrir un ensemble comme on s'achèterait un costume uni. Pourtant, il ne faut pas avoir peur de faire parler son imagination et ses envies. Car entremêler les styles montre au premier coup d'œil notre originalité et les différentes facettes de notre personnalité. C'est ainsi que notre décoration nous ressemble alors entièrement!

**Comme la composition d'un artiste peintre ou la recette d'un grand chef,** l'ensemble doit garder une cohérence certaine sous peine d'alourdir le résultat. On peut inventer toutes les combinaisons à condition de trouver l'harmonie. Tous les éléments doivent dialoguer entre eux, se répondre à travers une même pièce. Qu'importe si un meuble Art déco se marie avec un intérieur top design, si un fauteuil Louis XV ou un miroir baroque se place dans du contemporain, ou inversement si un fauteuil années 1960 se pose dans un décor bourgeois, si les tons ne sont pas unis, si le bois et les tissus se mêlent dans un salon.
**La clé pour réussir ce cocktail réside dans le dosage,** le respect des proportions. Trop de couleurs perturberont le regard, une accumulation de petits objets de toutes formes dans une grande pièce ne permettra pas de les mettre en valeur ou, *a contrario*, deux meubles gigantesques d'époques différentes dans une petite chambre et vous donnerez le sentiment de ne pas savoir choisir, au-delà de la sensation d'étouffement garantie.
Et comme l'aménagement doit rester un plaisir, vous en tirerez certainement plus en chinant dans le but de créer un ensemble original et d'innover qu'en passant une commande pour un « intérieur tout compris » !

### GARDER UNE UNITÉ

Même dans un environnement hétéroclite, gardez une certaine unité. Par exemple, choisissez des meubles, des fauteuils et des luminaires aux formes rondes, quelles que soient leurs époques ou leurs couleurs, c'est de là que viendra l'harmonie.

**PAGE DE GAUCHE** Détail d'une des chambres de La Villa Arguibel (décoration Mariannick et François Blasselle), près de Biarritz. Chaise avec imprimé poisson, console en Plexiglas, rideaux à fleurs bleues.

**CI-DESSUS** Coin de détente composé de deux fauteuils rouges et d'une table Cone (Verner Panton, 1959).

**DOUBLE PAGE SUIVANTE** Mélange hétéroclite pour ce salon bar : chaise Diamant Knoll (Harry Bertoia, 1950), fauteuils de théâtre vintage, tabouret haut d'India Mahdavi, comptoir de bar ancien en bois et zinc. Décoration Mariannick et François Blasselle.

C'est du mélange que naîtra l'originalité.

L'ETE
L'AUTOMNE

L'HIVER

## L'image

Ce qui précède nous conduit à un autre élément important: l'image comme vecteur d'émotion. En décoration, on l'utilise sous forme de photos, de projections numériques, d'impressions numériques sur une toile, du verre, des meubles, du carrelage, de la mosaïque, des toiles ou des tissus, du papier peint… Vous l'aurez compris, les possibilités sont infinies. La projection numérique est peut-être la solution la plus sophistiquée. Des DVD à diffuser à partir d'un modèle de projecteur classique existent déjà, mais vous pouvez faire appel à un artiste pour du sur-mesure ou des projections interactives. Apporter des techniques nouvelles dans un lieu ancien, c'est faire le lien entre le passé et le présent et obtenir ainsi un décalage exquis.

**Ces solutions ne sont pas des gadgets.** Utiliser l'image, animée ou non, c'est renouveler votre décor initial. C'est donner une « texture » intéressante à des lieux qui ne le sont pas (un couloir, une cuisine…). Pourquoi ne pas construire l'ensemble d'un projet à partir de l'image? Une reproduction numérique géante d'un tableau de maître sur une toile, tendue sur un plafond ou un mur, suffit à poser le décor. Nul besoin d'autre chose. Cette solution de la toile imprimée est aussi un moyen nouveau d'injecter de l'art dans les pièces à vivre. Car rien de pire qu'une reproduction classique, encadrée qui plus est…

**CI-DESSOUS** L'image donne vie à un décor, comme ici avec l'utilisation d'un tableau virtuel animé (Les Éditions du Vide). Canapé Albert et Victoria (Ron Arad pour Moroso), mur lumineux Traxon.

**PAGE DE DROITE** Créatrice d'émotion, l'image est un vecteur de poésie. Ici, ce tableau vivant (Les Éditions du Vide) plonge la pièce dans une ambiance mélancolique. Fauteuil Boule rouge (Eero Aarnio, 1966).

Une vue n'est pas très heureuse? Utilisez un tableau ou une astuce pour attirer le regard ailleurs. L'image a ce pouvoir de détourner le regard.

## Mettre en valeur un objet d'art

Quand on a la chance de posséder un bel objet d'art, un vrai, il faut le mettre en valeur. La lumière est un outil indispensable. Mais vous pouvez également offrir un « écrin » à celui-ci. Par exemple, un papier peint derrière une console de valeur qui reprend les mêmes motifs que ceux qui ont été sculptés sur le meuble. Mais attention, il ne faut pas que cette pièce maîtresse soit gâchée, polluée, par trop d'éléments extérieurs. Ce serait dommage. Vous pouvez d'ailleurs adapter votre projet à partir d'elle. Choisissez un décor volontairement neutre, un mélange gris et blanc par exemple, pour mettre en valeur une œuvre forte. Au contraire, peignez tout en rouge pour accentuer le côté provocant d'une autre.

**CI-DESSUS** Tête en argile sculptée.
**CI-DESSOUS** Dans ces niches éclairées, les objets ont été choisis afin de donner du rythme à l'ensemble.

**PAGE DE DROITE** Série de dinosaures de l'artiste Sui Jianguo. Le dinosaure représente le symbole de l'impérialisme chinois, comme celui de la Chine communiste – avec la gravure sur la poitrine « Made in China » qui est un clin d'œil aux jouets en plastique datant de l'envolée économique chinoise.

### LES NICHES RYTHMENT LE DÉCOR

Renfoncement situé dans l'épaisseur d'un mur, une niche est destinée à abriter un élément décoratif comme une statue ou un vase. Une niche constitue un bon moyen pour donner de la profondeur, dynamiser un espace et mettre en valeur un objet. Elle peut exister seule ou en série. J'aime utiliser les niches dans n'importe quelle pièce – entrée, couloir, salon, chambre ou même toilettes. Elles sont intéressantes en elles-mêmes. Pour leur donner de l'éclat, j'aime habiller le fond des niches.

L'accumulation, la notion de « série » est importante dans l'art. On peut accumuler un même objet ou jouer l'accumulation avec trois œuvres du même artiste.

## L'ART DE LA MATIÈRE

Céramique, carrelage, bois, galuchat, parchemin, nacre, béton, enduit décoratif, feuille d'or ou d'argent, velours ou métal… la matière se joue classique ou insolite, contemporaine ou ancienne.

La matière est variée, vivante et vibrante… Elle possède un répertoire riche et inspirant, dense et profond. Pour moi, elle est indissociable d'un projet de décoration, car elle apporte un supplément d'âme, donne de la beauté, de l'éclat et de la sophistication à un espace.La lumière la met particulièrement en valeur en faisant ressortir ses détails.

# EN CONCLUSION

Nous arrivons au terme de cet ouvrage que j'ai pris beaucoup de plaisir à érire et qui, je l'espère, vous a aidé peu à peu à mettre des mots sur vos attentes, à trouver votre style en matière de décoration et surtout à vous donner une vue d'ensemble. Nous l'avons beaucoup évoqué au fil de ces pages: lorsqu'on aménage son cadre de vie, il faut réfléchir à la fonction tout autant qu'à la forme. Imaginer un intérieur qui vous ressemble, ce n'est pas une mince affaire. Surtout qu'il doit refléter une partie de votre âme, de votre cœur, de votre style de vie, surtout pas celui d'un architecte ou d'un magazine de mode, quitte à aller à l'encontre des conventions. Certains possèdent ce don, d'autres doivent travailler un peu plus pour obtenir un résultat satisfaisant. L'essentiel est de prendre la bonne voie, de s'y tenir et de bien préparer votre projet en amont, de prendre le temps, de la réflexion, de l'analyse. Et croyez-en mon expérience, plus la route est longue et éprouvante, plus on est fier et satisfait lorsqu'on atteint le point d'arrivée.

Grâce à mes conseils, grâce aux efforts que vous avez fournis pour partir à la recherche de vos envies et cerner vos besoins, grâce à vos connaissances sur la lumière et les couleurs, transformer votre intérieur devient une perspective moins anxiogène qu'elle ne l'était au départ. Mais elle comporte toujours une part de risque. C'est d'ailleurs cela qui rend l'aventure palpitante. C'est un peu comme l'art. Il ne faut pas avoir peur de se lancer, de prendre des risques afin d'admirer ensuite le résultat. Car la décoration revêt aussi un aspect ludique : c'est une source de plaisir et d'émotion…

**DOUBLE PAGE PRÉCÉDENTE** Impression sur toile (Alyos Design) représentant une tête sculptée antique complètement surdimensionnée ainsi qu'une galerie à colonnade créant ainsi un effet d'optique et de perspective. Mobilier et luminaire Thomas de Lussac.

# MON CARNET D'ADRESSES

## Les lieux d'exception présents dans le livre

VILLA ARGUIBEL GUÉTHARY
Mariannick et François Blassel
1146, chemin de Laharraga
64210 Guéthary
05 59 41 90 46
*www.arguibel.fr*

HÔTEL DE VENDÔME
1, place Vendôme
75001 Paris
01 55 04 55 00
*www.hoteldevendome.com*

HÔTEL THE FIVE
3, rue Flatters
75005 Paris
01 43 31 74 21
*www.thefivehotel.com*

HÔTEL MISSONI ÉDIMBOURG
1 George IV Bridge
Edinburgh EH1 1AD UK
+44 (0)131 2206666
*www.hotelmissoni.com*

LE MAS DE SO
Maison à louer en Provence
06 25 33 66 22
*www.lemasdeso.com*

## Spécialistes cités dans le livre

**Spécialiste lumière**
Atelier Matteo Messervy
134, rue de Vincennes
93100 Montreuil
Tél. +33 (0)1 48 59 33 49
Fax +33 (0)1 42 87 68 50
*www.messervy.net*
*www.messervy.net/book72.zip*

**Spécialiste couleur**
Rosita Missoni – Missoni Home
Showroom
Viale Elvezia, 22 Milan
+39 02 33 10 31 08
*www.missonihome.it*

## Mes adresses déco

### MEUBLES ET OBJETS

LYS MAISON
228, rue du Faubourg-Saint-Honoré
75008 Paris
01 47 63 10 06

MODÉNATURE
3, rue Jacob
75006 Paris
01 43 29 62 54
*www.modenature.com*

MOLTENI
6, rue des Saints-Pères
75007 Paris
01 42 60 29 42
*www.molteni-france.com*

PROMEMORIA
35, rue de Bellechasse
75007 Paris
01 40 62 94 02
*www.promemoria.com*

TRESSERA
168, rue de Rivoli 75001 Paris
01 44 50 55 00
*www.tressera.com*

SILVERA
41, avenue de Wagram
75017 Paris
01 53 68 76 00
*www.silvera.fr*

LA FIBULE
Showroom
9, rue Molière 75009 Paris
01 40 35 77 24
*www.lafibule.fr*

INDERA
Vilvertstraat 11
B-3650 Dilsen-Stokkem Belgium
+32 (0)89 798 298
*www.indera.be*

KNOLL
268, boulevard Saint-Germain
75007 Paris
01 44 18 19 99
*www.knoll.com*

PHILIPPE HUREL
4 ter, rue du Bouloi 75001 Paris
01 53 00 95 00
*www.philippe-hurel.com*

MOBITEC
B-11, Stockbergerweg B-4700 Eupen
+33 607 21 30 00
*www.mobitec.be*

ARTELANO
54, rue de Bourgogne
75007 Paris
01 44 42 01 61
*www.artelano.com*

ÉCART INTERNATIONAL
111, rue Saint-Antoine
75004 Paris
01 42 78 79 11
*www.ecart-international.com*

POLTRONA FRAU
Showroom
242 bis, boulevard Saint-Germain
75007 Paris
01 42 22 74 49
*www.poltronafrau.com*

MAXALTO
43, rue du Bac 75007 Paris
01 53 63 25 10
*www.maxalto.it*

MOISSONNIER
52, rue de l'Université 75007 Paris
01 42 61 84 88
*www.moissonnier.com*

### CARRELAGE, PIERRE ET PARQUETS

OSCAR ONO FLOORING
Uniquement sur rendez-vous
8, rue Alibert 75010 Paris
01 40 18 02 79
*www.oscarono.com*

ANNIE PATE
Uniquement sur rendez-vous
1, rue Dupont-des-Loges
75007 Paris
09 53 70 41 02
*www.anniepate.com*

BISAZZA FRANCE
26, rue Madame 75006 Paris
01 53 63 02 03
*www.bisazza.com*

PORCELANOSA GROUPE
Parc des Vergers 91250 Tigery
01 69 90 90 90
*www.porcelanosa.com*

MARBRERIE SPADACCINI
85, rue Alexandre-Fourny
94506 Champigny-sur-Marne
01 48 82 29 50
*www.spadaccini.fr*

## CUISINES ET SALLES DE BAINS

BOFFI BAINS
Showroom
12, rue de la Chaise 75007 Paris
01 45 49 93 46
*www.boffibains.com*

BOFFI CUISINES
234, boulevard Saint-Germain
75007 Paris
01 42 84 11 02
*www.boffi-cuisines.com*

CUISINE VARENNA
Showroom
33, rue du Bac
75007 Paris
01 55 35 82 33
*www.poliform.it*

PORCELANOSA GROUPE
Parc des Vergers
91250 Tigery
01 69 90 90 90
*www.porcelanosa.com*

DECOTEC
Showroom
3, boulevard Voltaire 75011 Paris
01 53 36 15 75
*www.decotec-paris.fr*

## MENUISERIE SUR MESURE

PIET-JAN VAN DEN KOMMER
(Menuisier)
Noordervaart 127
1841 GA Stompetoren
+31 72-5325815
*www.vandenkommer.nl*

CASTET MENUISERIE
13, rue Pierre-Semard
94400 Vitry-sur-Seine
01 45 73 07 47

HUBLER
11, rue Gaston-Romazzotti
Ecospace BP 83067
67123 Molsheim Cedex
03 88 49 88 87
*www.hubler.fr*

OBERFLEX
Longeville-en-Barrois
55014 Bar-le-Duc Cedex
03 29 76 77 78
*www.oberflex.com*

## LUMINAIRES

ANNIE PATE
Luminaires Kevin Reilly,
Jeremy Cole, Philippe Parent
Uniquement sur rendez-vous
1, rue Dupont-des-Loges
75007 Paris
09 53 70 41 02
*www.anniepate.com*

NOVALUCE
172, rue du Faubourg-Saint-Honoré
75008 Paris
01 42 89 03 18
*www.novaluce.fr*

MATHIEU LUSTRERIE
Hameau des Sauvans
84400 Gargas
04 90 74 92 40
*www.mathieulustrerie.com*

KREON
5, rue d'Aboukir 75002 Paris
01 44 50 53 54
*www.kreon.com*

LES HÉRITIERS
44, rue Sala 69002 Lyon
04 78 37 17 03

ARTEMIDE – Showroom
52, avenue Daumesnil
75012 Paris
*www.artemide.com*

BACCARAT – Showroom
11, place des États-Unis
75008 Paris
01 40 22 11 00
*www.baccarat.fr*

## TISSUS

DEDAR
20, rue Bonaparte 75006 Paris
01 56 81 10 95
*www.dedar.com*

LELIÈVRE – MISSONI HOME
13, rue du Mail 75002 Paris
01 43 16 88 00
*www.lelievre-tissus.com*

ÉLITIS
35, rue de Bellechasse 75007 Paris
01 45 51 51 00
*www.elitis.fr*

PIERRE FREY
2, rue de Furstenberg 75006 Paris
01 46 33 73 00
*www.pierrefrey.fr*

SAHCO HESSLEIN
17, rue du Mail 75002 Paris
01 42 60 04 46
*www.sahco-hesslein.com*

HOLLAND SHERRY
17, rue de l'Échaudé 75006 Paris
01 42 33 55 91
*www.hollandandsherry.com*

## PEINTURES ET PAPIERS PEINTS

ARTE INTERNATIONAL
Showroom
6 bis, rue de l'Abbaye 75006 Paris
01 46 33 86 97
*www.arte-international.com*

ÉLITIS
35, rue de Bellechasse 75007 Paris
01 45 51 51 00
*www.elitis.com*

AU FIL DES COULEURS
31, rue de l'Abbé-Grégoire
75006 Paris
01 45 44 74 00
*www.aufildescouleurs.com*

FARROW & BALL – Showroom
50, rue de l'Université 75007 Paris
01 45 44 82 20
*www.farrow-ball.com*

RESSOURCE
5, avenue du Maine 75015 Paris
01 42 22 93 36
*www.ressource-peintures.com*

**TAPIS ET MOQUETTES**

ANNIE PATE pour Tapis Bruder
Uniquement sur rendez-vous
1, rue Dupont-des-Loges 75007 Paris
09 53 70 41 02
*www.anniepate.com*

TOULEMONDE-BOCHART
10, rue du Mail 75002 Paris
01 40 26 68 83
*www.toulemondebochart.fr*

EGE (Immeuble EUROPARIS)
40, rue d'Oradour-sur-Glane
75015 Paris
01 40 60 44 44
*www.egecarpet.com*

TAI PING
60, rue Saint-André-des-Arts
75006 Paris
01 53 45 90 61
*www.taipingcarpets.com*

**IMAGE ET IMPRESSION NUMÉRIQUE**

ALYOS DESIGN
4, rue de la Mine 68500 Berrwiller
03 89 74 10 75
*www.alyos.eu*

MUZEO
6, rue Nicolas-Appert 75011 Paris
01 70 71 52 20
*www.muzeo.fr*

**POIGNÉES DE PORTES**

L'UNIVERS DE LA POIGNÉE
Corinne Darmon
12, rue de Tocqueville 75017 Paris
01 42 27 11 75
*www.luniversdelapoignee.com*

À LA PROVIDENCE – QUINCAILLERIE LECLERCQ
151, rue du Faubourg-Saint-Antoine
75011 Paris
01 43 43 06 41
*www.alaprovidence.fr*

# REMERCIEMENTS

Un remerciement très spécial et avec beaucoup de larmes au collectionneur d'art Bertrand Cheuvreux qui m'a confié les yeux fermés mon premier projet important de décoration il y a des années, et ce malgré mon jeune âge et mon peu d'expérience à l'époque. Bertrand nous a malheureusement quittés le 29 mars 2009. Je suis heureux et fier de lui dédier ce livre.
Un profond remerciement à toute mon équipe qui m'accompagne depuis tant d'années et notamment à Peter Muys, mon associé et collaborateur qui m'apporte un soutien sans faille et sans qui l'aventure d'Oscar Ono Interiors n'aurait pas existé, merci mon Peter. Mais aussi à Thierry Salet pour son aide et à Muriel Gaz qui a récemment rejoint notre équipe avec toute sa bonne humeur en tant que directrice associée et en qui j'ai toute confiance.
Un chaleureux remerciement à mes clients qui nous ont gentiment accueillis chez eux afin de photographier mes créations, ainsi qu'à mes partenaires qui m'ont permis de réaliser des photographies et des détails complémentaires – je pense notamment à mes chers amis Alain et Alexandre de la galerie Lys Maison, Annie Pate et Amélie Saule, Romain Brémond, Chrystelle Garde des tissus Dedar, toute l'équipe de Modénature et de Molteni.
Merci enfin à toute l'équipe éditoriale du Chêne, à Odile Perrard qui a orchestré avec brio, gentillesse et patience l'élaboration du livre malgré des moments parfois difficiles, à Fabienne Kriegel pour sa confiance, à Sabine Houplain pour son œil, à Pierre Vincent pour sa création graphique et, pour finir, à Christine Besson pour ses belles photographies et à mon ami Alfred Escot pour sa plume.
Je vous remercie tous vraiment du fond du cœur... et vous embrasse tendrement.

# CRÉDITS PHOTOGRAPHIQUES

Toutes les photographies de cet ouvrage sont de Christine Besson à l'exception de :
© Julien Chenaf : p.49 (bas), 84, 108 (bas), 138 (centre et droite). © Collectif Redimension / Alyos design : p.154 (bas), 162, 163, 170, 171. © D. Delmas : p.82, 83, 94, 95 et 96-97. © Loic Ferton : p.16, 27 (bas à droite), 74, 138 (gauche). © Aurélie Jeannette : p.143, 154 (haut), 155, 165. © Bruno Koens : p.76 (haut), 158, 159, 173. © Leemage : p.27 (haut à droite et bas à gauche). © Thomas de Lussac : p.176-177. © Maître en Scène : p.29 (bas à gauche) © Matteo Messervy : p.148 à 153 sauf photo en haut à gauche : show room Alcatel © Pierre Beucler © Missoni : p.136-137. © Bas Oosterwal : p.42, 44-45. © Alfredo Salazar : p.86-87. © Sébastien Carrier pour Villa Arguibel : p.28, 29 (bas droite), 46 (bas), 66 (bas au centre), 112 (haut), 132 (à droite), 133, 166, 167, 168-169. © Manuel Zublena : p.40-41. © D.R. : p.37.

DIRECTRICE GÉNÉRALE: Fabienne Kriegel
DIRECTRICE DE COLLECTION: Odile Perrard
DIRECTRICE ARTISTIQUE: Sabine Houplain
CRÉATION GRAPHIQUE: Pierre Vincent
RELECTURE-CORRECTION: Isabelle Macé
FABRICATION: Nicole Thiériot-Pichon
PARTENARIAT ET VENTES DIRECTES:
Claire Le Cocguen (clecocguen@hachette-livre.fr)


www.editionsduchene.fr
Édité par Hachette Livre
43, quai de Grenelle, 75905 Paris Cedex 15

PHOTOGRAVURE: APS
ACHEVÉ D'IMPRIMER en Espagne par Graficas Estella
DÉPÔT LÉGAL: avril 2012
ISBN: 978-2-81230-516-0
34 8298 1-01